HEALTHY RECIPE シリーズ **2**

体がよろこぶ
鉄のおかず
300品

竹内冨貴子

女子栄養大学出版部

Contents

- 3 この本の使い方
- 4 鉄が体に大事な理由
- 6 これが、鉄たっぷりの使いやすい素材です
- 8 鉄の体がよろこぶ食べ方をおぼえましょう
- 8 吸収率をよくする食べ方、3つのポイント
- 10 気になる体の症状をやわらげるFe+αの組み合わせ

肉を使ったFeたっぷりの献立＆おかず

- 12 枝豆入り松風焼きが主菜の献立
- 14 肉を使ったFeたっぷりの主菜
- 24 ハムとほうれん草のサラダが副菜の献立
- 25 肉を使ったFeたっぷりの副菜
- 30 肉が主役のFeたっぷりの常備菜＆アレンジ料理

魚介を使ったFeたっぷりの献立＆おかず

- 32 イワシのパン粉焼きが主菜の献立
- 34 魚介を使ったFeたっぷりの主菜
- 44 マグロのオクラ山かけが副菜の献立
- 45 魚介を使ったFeたっぷりの副菜
- 50 魚が主役のFeたっぷりの常備菜＆アレンジ料理

豆・豆製品を使ったFeたっぷりの献立＆おかず

- 52 湯葉とゴーヤーの卵サラダが主菜の献立
- 54 豆・豆製品を使ったFeたっぷりの主菜
- 58 白いんげん豆のトマトスープが副菜の献立
- 59 豆・豆製品を使ったFeたっぷりの副菜
- 62 豆・豆製品が主役のFeたっぷりの常備菜＆アレンジ料理

野菜・乾物を使ったFeたっぷりの献立＆おかず

- 64 せりとアサリの炊き込みごはんが主菜の献立
- 66 野菜・乾物を使ったFeたっぷりの主菜
- 70 ひじきとさつま芋の煮物が副菜の献立
- 71 野菜・乾物を使ったFeたっぷりの副菜
- 74 野菜・乾物が主役のFeたっぷりの常備菜＆アレンジ料理

貧血が気になる人の
Ｆｅ＋たんぱく質、ビタミンＣの献立＆おかず

- 76 　牛肉と大豆のカレーいためが主菜の献立
- 78 　レバーソースポテトサラダが副菜の献立
- 80 　貧血が気になる人の
  Fe＋たんぱく質、ビタミンＣのおかず（主菜・副菜）
- 116 　貧血が気になる人のための
  Fe＋たんぱく質、ビタミンＣの常備菜＆アレンジ料理

- 118 　妊娠中の人の食生活アドバイス

妊娠中の人の
Ｆｅ＋カルシウム、葉酸の１日献立＆おかず

- 120 　**朝食**　緑の野菜とアサリのいため物が主菜の献立
- 122 　**昼食**　エビと菜の花の牛乳卵とじが主菜の献立
- 123 　**夕食**　牛レバーステーキが主菜の献立
- 124 　妊娠中の人の
  Fe＋カルシウム、葉酸のおかず（主菜・副菜）
- 152 　妊娠中の人のための
  Fe＋カルシウム、葉酸の常備菜＆アレンジ料理

- 160 　Feたっぷりのおやつ＆飲み物

- 168 　料理＆栄養価一覧

この本の使い方

● 計量の単位は、1カップ＝200mℓ・大さじ1＝15mℓ・小さじ1＝5mℓです。
● 調味料で小さじ1/6より少ないときは「少量」と示しています。
● 栄養価は、実際に口に入る1人分の量で算出しています。
● 献立ページで掲載しているごはん（12、44、70、120、122ページ）、パン（76ページ）の1人分の栄養価は以下の通りです。

パン(50g)
鉄 0.6mg
たんぱく質 5.6g
ビタミンC 0mg
エネルギー 183kcal　塩分 0.8g

ごはん(150g)
鉄 0.2mg
カルシウム 5mg
葉酸 5μg
エネルギー 252kcal　塩分 0g

鉄が体に大事な理由

竹内冨貴子

貧血の原因の90％は、食事の鉄不足です

鉄の不足が原因で起こる貧血は若い女性に多く見られますが、成長期の子供、妊娠中・授乳期、更年期などでもかなりの確率で見られます。貧血は酸素を運ぶ役割を果たしている赤血球中に含まれているヘモグロビンが不足している状態です。ヘモグロビンの構成成分の代表が鉄です。貧血の原因の90％は、食事の鉄の不足です。鉄の1日の所要量は表の通りです。

体内には3～5gの鉄があり、その2/3が赤血球のヘモグロビンに含まれており、残りの1/3は肝臓や脾臓などに貯蔵鉄として存在しています。貧血にはこれといった自覚症状がないため、血液検査をする機会がないと貧血に気づかないことが多いのです。

しかし、食事からの鉄不足が続いた場合、体は不足分を補うためにまず貯蔵鉄を使い、貯蔵鉄を使い果たしたあとに血液中の鉄が消費されていくのですから、貧血になっているということは、かなりの期間にわたって鉄の不足が続いていたということになります。貧血ではなくても、貯蔵鉄欠乏になっている人もかなりいるのです。

鉄は日ごろからかなり気をつけていないと、あまり食卓に登場しないような食材に多く含まれていることや、吸収率が悪いことなどから不足しがちになります。上手な鉄のとり方をまとめてみます。

鉄の1日の所要量

年齢	0～5か月	6～11か月	1～2歳	3～5歳	6～8歳	9～11歳	12～14歳
女子	6mg	6mg	7mg	8mg	9mg	10mg*1	12mg
男子	6mg	6mg	7mg	8mg	9mg	10mg	12mg

年齢	15～17歳	18～29歳	30～49歳	50～69歳	70歳以上	妊娠中	授乳期
女子	12mg	12mg	12mg*2	12mg*2	10mg	通常期+8mg	通常期+8mg*3
男子	12mg	10mg	10mg	10mg	10mg		

＊1 11歳は12mg　＊2 閉経後10mg　＊3 人工乳の場合は+3mg

1 動物性たんぱく質を充分にとる

食品中に含まれる鉄はヘム鉄と非ヘム鉄の2つに分けられます。ヘム鉄はレバーや赤身の肉類、魚など、動物性食品の鉄の一部で、非ヘム鉄より吸収されやすく、貧血の改善には有効です。たんぱく質はヘモグロビン生成の材料になることやシステインなどの還元作用のあるアミノ酸を含み、三価の鉄を二価の鉄に変え、非ヘム鉄の吸収を助ける働きがあるので、鉄だけでなくたんぱく質も不足なくとることがたいせつです。

2 やせを改善する

貧血はやせぎみの人や極端なダイエットをしている人に多く見られます。これらのケースの特徴は食事量が少ないこと、栄養素不足が目立つことです。摂取エネルギー量を増やし、体重を増加させるだけでも症状の改善が見られます。

3 ビタミンCを充分にとる

非ヘム鉄は野菜、豆・豆製品、海藻などに多く含まれています。ビタミンCは非ヘム鉄を吸収のよい形─二価鉄に変える働きがあるので、野菜、くだもの、芋などを積極的にとるようにします。

4 酸味で胃液の分泌を促す

酸味は胃粘膜を刺激して胃酸の分泌を促し、鉄の吸収を助けます。かんきつ類、梅干し、酢など酸味の強い食品を積極的に利用すると食欲増進もはかれます。

5 牛乳・乳製品を上手に利用する

牛乳・乳製品のたんぱく質であるカゼインが消化吸収される際に生成されるカゼインフォスフォペプチドは、鉄やカルシウムなどのミネラル類の吸収をよくしてくれます。鉄の多い食材と牛乳・乳製品を組み合わせることで、鉄の吸収率をアップさせることができます。

6 タンニンの摂取を控える

コーヒー、紅茶、緑茶などに含まれるタンニンは、鉄と結合して鉄の吸収を妨げるので、食事中や食後の大量摂取は控えるようにしましょう。

鉄は1つの食品で所要量を満たそうとしても、それが可能なのはレバーぐらいしかありません。鉄は1日3食きちんと食べないとなかなか所要量を満たすことができない栄養素なのです。吸収率をよくする組み合わせを考慮したうえで、3食きちんと食べる習慣を身につけ、貧血の改善をはかりたいものです。

これが、鉄たっぷりの使いやすい素材です。

鉄は「肉」、「魚介」、「豆・豆製品」、「野菜・乾物」といった食品グループに豊富に含まれています。毎日無理なく鉄をたっぷりとることができるように、これらの食品グループの中から鉄が豊富で使いやすい食品を選び出しました。12ページからの料理ページでは、これらの素材を用いた料理を紹介しています。1食の摂取目安量と鉄含有量とともに食事作りの参考にしてください。

肉

 豚レバー 1食分 80g 鉄 10.4mg	 鶏レバー 1食分 80g 鉄 7.2mg	 牛レバー 1食分 80g 鉄 3.2mg	 鶏ハツ 1食分 50g 鉄 2.6mg	 牛ヒレ肉 1食分 100g 鉄 2.2mg	
 ローストビーフ 1食分 80g 鉄 1.8mg	 牛もも肉 1食分 100g 鉄 1.4mg	 砂肝 1食分 50g 鉄 1.2mg	 牛ひき肉 1食分 50g 鉄 1.2mg	 コンビーフ 1食分 30g 鉄 1.1mg	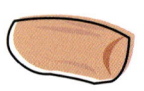 豚ヒレ肉 1食分 100g 鉄 1.1mg

魚介

 なまり節 1食分 100g 鉄 5.0mg	 アサリ 殻つきで200g 鉄 3.0mg	 ホタテ貝 ワタ、ヒモつき100g 鉄 2.2mg	 イワシの丸干し 1食分 2尾(50g) 鉄 2.2mg	 シジミ 殻つきで150g 鉄 2.0mg
 カツオ 1食分 80g 鉄 1.5mg	 サンマ 1食分 100g 鉄 1.4mg	 マグロ 1食分 80g 鉄 1.3mg	 イワシ 1尾(70g) 鉄 1.3mg	 カキ 1食分 5個(65g) 鉄 1.2mg
				 ブリ 1食分 80g 鉄 1.0mg

豆・豆製品

 厚揚げ 1食分 ½枚(125g) 鉄3.3mg	 レンズ豆(乾) 1食分 30g 鉄2.8mg	 豆乳 1食分 1カップ(206g) 鉄2.5mg	 いんげん豆(乾) 1食分 30g 鉄1.8mg	 生湯葉 1食分 50g 鉄1.8mg
 納豆 1パック(50g) 鉄1.7mg	 がんもどき 小2個(40g) 鉄1.4mg	 きな粉 大さじ2(12g) 鉄1.1mg	 凍り豆腐(乾) 1枚(16g) 鉄1.1mg	 もめん豆腐 ⅓丁(100g) 鉄0.9mg	 水煮大豆 1食分 50g 鉄0.9mg

野菜・乾物

 ひじき(乾) 1食分 10g 鉄5.5mg	 菜の花 1食分 80g 鉄2.3mg	 小松菜 1食分 80g 鉄2.2mg	 切り干し大根(乾) 1食分 20g 鉄1.9mg	 大根の葉 1食分 50g 鉄1.6mg
 ほうれん草 1食分 80g 鉄1.6mg	 枝豆 1食分 50g 鉄1.4mg	 根三つ葉 1食分 80g 鉄1.4mg	 そら豆 1食分 50g 鉄1.2mg	 かぶの葉 1食分 50g 鉄1.1mg	 京菜 1食分 50g 鉄1.1mg

鉄の体がよろこぶ食べ方をおぼえましょう。

吸収率をよくする食べ方、3つのポイント

食品中に含まれる鉄には2つのタイプがあります。1つは肉、魚介などの動物性食品の鉄の一部である"ヘム鉄"で吸収率が23〜28％と吸収されやすいのが特徴です。もう1つは豆・豆製品、野菜・乾物などの植物性食品に多く含まれる"非ヘム鉄"です。こちらは吸収率が1〜5％と吸収されにくい鉄です。ヘム鉄の吸収率がよいからといって動物性食品ばかりをとっていては、栄養のバランスがくずれてしまうので注意が必要です。また、吸収率がよくない非ヘム鉄も、組み合わせる食品や食べ方で吸収率をよくすることができます。

ヘム鉄（動物性食品に含まれる）
吸収率 23〜28％

Point 1

肉、魚介などは吸収率のよいヘム鉄を含んでいるので鉄を効率よくとることができますが、栄養のバランスを考えて豆・豆製品、野菜・乾物などの食品と組み合わせましょう。

肉を使ったFeたっぷりの献立＆おかずは **12〜31ページ**

魚介を使ったFeたっぷりの献立＆おかずは **32〜51ページ**

鉄

非ヘム鉄
(植物性食品に多く含まれる)
吸収率
1～5%

Point 2

豆・豆製品、野菜・乾物などは鉄は豊富なのですが、吸収率のよくない非ヘム鉄です。非ヘム鉄はたんぱく質と組み合わせることで吸収率が高まります。動物性食品などと組み合わせるようにします。

Point 3

野菜やくだものなどに多く含まれるビタミンCは、鉄の吸収率をよくする働きがあります。鉄の多い食品と組み合わせて使うと鉄の吸収率アップに効果的です。また、牛乳・乳製品も有効です。

豆・豆製品を使った
Feたっぷりの
献立＆おかずは
52～63ページ

野菜・乾物を使った
Feたっぷりの
献立＆おかずは
64～75ページ

Fe+たんぱく質
+ビタミンCの献立
＆おかずは
76～117ページ

気になる体の症状をやわらげる Fe+α の組み合わせ

貧血などの症状がある人や妊娠中の人は、鉄を効率よくたっぷりとる必要がありますが、それだけではなく、吸収率の悪い鉄を効率よく利用できるようにするくふうが必要です。鉄の働きを助ける栄養素を組み合わせたメニューを活用することで予防や症状を緩和することができます。気になる症状をやわらげる"Fe＋α"の組み合わせは次の通りです。

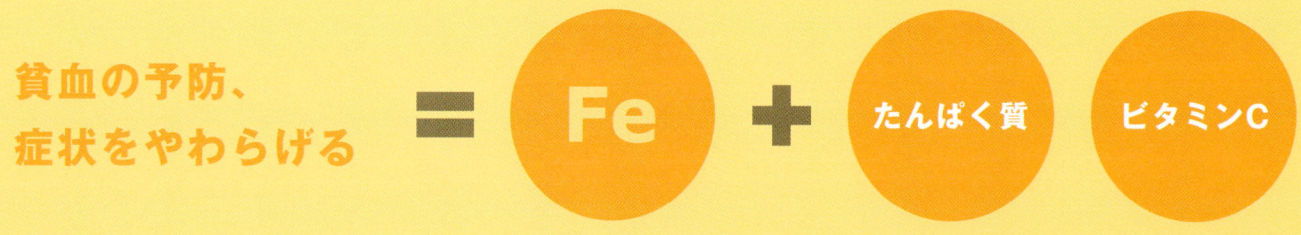

貧血の予防、症状をやわらげる ＝ Fe ＋ たんぱく質　ビタミンC

妊娠中の鉄不足、貧血を予防、改善する ＝ Fe ＋ カルシウム　葉酸

**貧血が気になる人の
献立＆おかずは
76～117ページ**

食事からの鉄が不足すると血液中に含まれるヘモグロビンを充分に作ることができないため貧血になります。貧血は、血液中の赤血球の数が減少する、または赤血球中のヘモグロビンの数が減少する状態をいいます。血液は酸素や栄養素を体のすみずみまで運んだり、不要な物質を運び出したりする働きがあります。貧血になるとこの機能が正常に働かなくなるため疲れやすくなったり、動悸やめまい、息切れ、食欲不振、集中力の低下などさまざまな症状を起こします。動物性たんぱく質は腸内で消化されると鉄と結びつきやすい物質に変化して鉄を溶解するため、鉄は消化管内で吸収されやすくなります。ビタミンCは、まず鉄を腸管内で吸収されやすい形に変化させて結びつき、小腸粘膜から吸収されます。

**妊娠中の人の
Feたっぷり1日献立＆
おかずは
120～167ページ**

妊娠すると母体の全血液量が増えるのと赤ちゃんの成長に伴い、ふだんよりも鉄が多く必要になるため貧血を起こしやすくなります。母体が貧血になってしまうと出産時のトラブルが起こりやすくなります。鉄は胎児の発育や胎盤を作るうえで大事な栄養素であり、貧血の母親から生まれた子供は生まれつき体に貯えられている鉄――貯蔵鉄が少なく、貧血になりやすい傾向があります。妊娠中は体重のコントロールをしながら、鉄以外にもカルシウム、葉酸などの所要量が特に多くなります。カルシウムは赤ちゃんの骨や歯を作る栄養素です。もともと不足しがちな栄養素ですので、心がけてとるようにしないと充分な量が確保できません。葉酸はビタミンB群の水溶性ビタミンで、細胞の分化に不可欠です。このため細胞の分化が盛んな胎児では、特に葉酸が必要になります。

Fe たっぷりの献立＆おかず

肉を使った

| Fe たっぷり食品 |  豚レバー80g 鉄10.4mg |  鶏レバー80g 鉄7.2mg |  牛レバー80g 鉄3.2mg |  鶏ハツ50g 鉄2.6mg |  牛ヒレ肉100g 鉄2.2mg |

ローストビーフ80g 鉄1.8mg　牛ひき肉50g 鉄2.3mg　牛もも肉100g 鉄1.4mg　コンビーフ30g 鉄1.1mg

豆腐、枝豆などから鉄がとれる主菜に、さっぱりした味の酢の物、甘い煮物を組み合わせました。アカガイなどの貝類、あずきなども鉄の多い食品です。大根やかぶは根の部分よりも葉のほうが栄養価が高く、鉄だけでなくビタミン類、カルシウムなどが豊富です。

枝豆入り松風焼きが主菜の献立

枝豆入り松風焼き

材料[2人分] A[▶鶏胸ひき肉150g 砂糖・赤みそ各大さじ½ しょうゆ・酒各小さじ1 かたくり粉大さじ1 ねぎ10g しょうが½かけ] ▶枝豆（ゆでる）さやから出して30g 油適量 ▶いり白ごま小さじ1

1 ねぎとしょうがはみじん切りにし、残りのAとよく練り混ぜ、枝豆を加え混ぜる。
2 アルミ箔を箱型に作って内側に油を薄く塗り、1を詰めて表面を平らにならし、ごまをふる。
3 200度に熱したオーブンで15～20分程焼く。あら熱がとれたら食べやすい大きさに切り、器に盛る。

1人分 鉄1.1mg エネルギー216kcal 塩分1.1g

MENUのレシピ●●●

大根と大根葉のみそ汁

材料[2人分] 大根80g ▶大根の葉50g ▶油揚げ½枚 みそ大さじ1½ だし1½カップ

1人分 鉄1.6mg エネルギー61kcal 塩分1.9g

アカガイの酢の物（49ページ参照）

1人分 鉄2.6mg エネルギー45kcal 塩分1.1g

さつま芋のあずき煮（61ページ参照）

1人分 鉄0.7mg エネルギー141kcal 塩分0.2g

MENU

Feたっぷり
枝豆入り松風焼き
アカガイの酢の物(49ページ)
さつま芋のあずき煮(61ページ)
大根と大根葉のみそ汁
ごはん[150g]

1食分 鉄6.0mg エネルギー695kcal 塩分4.5g

Feたっぷり献立バリエ

ステーキきのこソース(17ページ)
ルッコラとクレソンのサラダ(76ページ)
パン

手作り焼きとり(23ページ)
さつま芋のあずき煮(61ページ)
ごま風味豆腐スープ(107ページ)
ごはん

ローストビーフサンド(23ページ)
ひじきと枝豆のマリネ(147ページ)
ほうれん草とパパイヤのドリンク(167ページ)

▶鉄が多い食材

牛肉とそら豆の
オイスターソースいため

材料［2人分］

- ▶牛もも薄切り肉………150g
- しょうゆ・かたくり粉
  ………………各大さじ½
- ▶そら豆(ゆでる)さやから出して100g
- 玉ねぎ………………½個
- 油…………………大さじ1
- A ┌ オイスターソース・水
      …………………各大さじ1
    └ しょうゆ・砂糖……各小さじ1

1 牛肉は食べやすい大きさに切って、しょうゆとかたくり粉をまぶす。

2 玉ねぎは薄いくし形切りにする。そら豆は薄皮をむく。

3 フライパンに油を熱し、**1**をいため、肉の色が変わったら玉ねぎを加えていため、玉ねぎに火が通ったらAとそら豆を加えて汁けをとばすようにいためる。

1人分 鉄 2.2mg
エネルギー 297kcal　塩分 2.0g

牛肉のアスパラロール

材料[2人分]
- ▶牛もも薄切り肉……150g
- 塩……………………小さじ1/5
- こしょう………………少量
- プロセスチーズ…………30g
- グリーンアスパラガス……6本
- 赤ピーマン………………1/2個
- 油………………………大さじ1/2

1 牛肉は1枚ずつ広げて塩とこしょうをふる。
2 アスパラは根元のかたい部分を切り落とし、はかまを除いて長さを半分に切る。プロセスチーズは棒状に切る。赤ピーマンはせん切りにする。
3 1に2の材料を等分にのせてくるくると巻く。
4 フライパンに油を熱し、3をころがしながら焼き、中まで火を通す。
5 食べやすい大きさに切り、皿に盛る。

1人分 鉄1.6mg
エネルギー251kcal　塩分1.1g

鶏レバーの高菜いため

材料[2人分]
- ▶鶏レバー…………………200g
- ▶高菜漬け……………………50g
- ねぎ…………………………1/2本
- しょうが……………………1かけ
- A [しょうゆ……小さじ1/2
     酒……………大さじ1]
- 油……………………………大さじ1

1 高菜はみじん切りにし、塩辛ければ塩抜きをする。鶏レバーは流水にさらして血抜きをし、食べやすい大きさに切る。
2 ねぎは1cm幅の斜め切りにし、しょうがはせん切りにする。
3 フライパンに油を熱してしょうがをいため、香りが立ったらレバーを加え、レバーの色が変わったらねぎを加えていためる。
4 レバーに火が通ったら高菜を加え、Aを加えていため混ぜる。

1人分 鉄9.6mg
エネルギー192kcal　塩分1.9g

豚ヒレと大根のスープ煮

材料[2人分]
- 豚ヒレかたまり肉……100g
- 大根(乱切り)……150g
- ねぎ(ぶつ切り)……1/2本
- しょうが(薄切り)……1/2かけ
- 大根の葉……50g
- A ┌ 酒……大さじ1/2
  │ 塩……小さじ1/3
  │ 粒黒こしょう……小さじ1
  │ 顆粒ブイヨン・砂糖……各小さじ1/2
  └ 水……1 1/2カップ

1 豚肉は5mm厚さに切る。大根はかためにゆでる。大根の葉は2cm長さに切ってゆでる。
2 なべにA、大根、ねぎ、しょうがを入れて火にかけ、煮立ったら豚肉を加えてアクを除き、弱火にして野菜がやわらかくなるまで煮、大根の葉を加える。

1人分 鉄 2.5mg エネルギー 104kcal 塩分 1.4g

豚ヒレとプルーンの赤ワイン煮

材料[2人分]
- 豚ヒレかたまり肉……100g
- ごぼう……1/2本
- プルーン(種抜き)……6個
- A ┌ 赤ワイン……1/2カップ
  │ しょうゆ……大さじ1 1/3
  └ 砂糖……大さじ2/3
- チャービル……適量

1 豚肉は1cm厚さに切る。ごぼうは長い乱切りにし、水につけてアクを除き、沸騰湯でさっとゆでる。
2 なべにAを煮立て、豚肉を加え、肉の色が変わったらごぼうとプルーンを加えてほとんど汁けがなくなるまで煮る。
3 器に盛り、チャービルを飾る。

1人分 鉄 1.5mg エネルギー 200kcal 塩分 1.8g

ステーキきのこソース

材料 [2人分]
- ▶ 牛もも肉(ステーキ用)……200g
- 塩……………………小さじ¼
- こしょう…………………少量
- ▶ えのきたけ(根元を切り除く)
  …………………………20g
- しめじ(石づきを切り除く)……60g
- マッシュルーム(石づきを切り除く)
  …………………………2個
- 油………………………大さじ1
- A ┌ しょうゆ……………小さじ1
    └ 塩・こしょう………各少量
- ▶ クレソン………………15g

1 牛肉は塩とこしょうをふる。
2 えのきは1.5cm長さに切り、細かくほぐす。しめじは1.5cm長さに切り、小房に分ける。マッシュルームは薄切りにする。
3 フライパンに半量の油を熱し、牛肉を入れ、両面を好みの焼き加減に焼いて皿に盛る。
4 フライパンに残りの油を熱し、2を入れていため、全体に油がまわったらAを加えていためる。
5 肉に4をかけ、クレソンを添える。

1人分 鉄 1.8mg エネルギー 277kcal 塩分 1.7g

豚レバーとにらのいため物

材料[2人分]
- ▶豚レバー……………150g
- 酒……………………大さじ½
- しょうゆ……………小さじ1
- にら…………………30g
- もやし………………100g
- A
  - しょうゆ…………大さじ⅔
  - 酒…………………大さじ½
  - 砂糖………………小さじ1
- 油……………………大さじ1

1 にらは3cm長さに切り、もやしは時間があれば根を除く。
2 レバーは食べやすい大きさに切って流水にさらして血抜きをし、水けをふいて酒としょうゆをふる。
3 フライパンに半量の油を熱し、汁けをきった2をいため、火が通ったらとり出す。
4 3のフライパンに残りの油を熱し、もやし、にらの順に加えていため、全体に油がまわったら、3を戻し入れ、Aを加えてからめるようにいためる。

1人分 鉄10.2mg エネルギー182kcal 塩分1.4g

豚ヒレのザーサイいため

材料[2人分]
- ▶豚ヒレかたまり肉…200g
- 塩・こしょう………各少量
- ピーマン……………2個
- 赤ピーマン…………1個
- ▶ザーサイ(水につけて塩けを抜く)
  ………………………15g
- 油……………………大さじ1
- A
  - 酒…………………大さじ1
  - しょうゆ…………小さじ½
  - 砂糖………………小さじ⅓

1 豚肉は5mm厚さに切って塩とこしょうをふる。
2 ピーマン2種は縦半分に切ってから横1cm幅に切る。ザーサイは薄切りにする。
3 フライパンに油を熱して1を入れていため、肉の色が変わったらピーマン、ザーサイの順に加えていため、油がまわったらAを加えて汁けをとばしながらいためる。

1人分 鉄1.5mg エネルギー194kcal 塩分1.7g

豚レバーの カレームニエル

材料 [2人分]

- 豚レバー ………………… 150g
- 塩 ……………………… 小さじ⅙
- こしょう ………………… 少量
- A
  - 小麦粉 ………………… 大さじ2
  - カレー粉 ……………… 大さじ½
- ほうれん草
  （ゆでて3cm長さに切る）……… 150g
- 赤ピーマン(乱切り) …………… 1個
- 塩 ……………………… 小さじ⅕
- こしょう ………………… 少量
- 油 ……………………… 大さじ1½

1 豚レバーは8mm厚さに切って、流水にさらして血抜きをし、水けをふいて塩とこしょうをふる。
2 Aは混ぜ合わせ、1にまぶす。
3 フライパンに油大さじ1を熱し、2を入れて焼き、中まで火を通し、皿に盛る。
4 フライパンに残りの油を熱し、野菜をいため、全体に油がまわったら塩とこしょうで調味し、3に盛り添える。

1人分
鉄 11.8mg
エネルギー 238kcal　**塩分** 1.2g

Fe 肉を使ったたっぷりの主菜

牛肉とごぼうのごまいため

材料［2人分］
- ▶ 牛もも薄切り肉 ……… 150g
- ごぼう ………………… 小½本
- ねぎ …………………… ½本
- ▶ 枝豆（ゆでる）
　……… さやから出して20g
- 油 …………………… 大さじ½
- A ┌ 砂糖・酒 ……… 各大さじ1
　　│ しょうゆ ……… 大さじ⅔
　　└ ▶ いり白ごま … 大さじ½

1 牛肉は一口大に切る。
2 ごぼうは斜め薄切りにし、水につけてアクを除く。ねぎは7mm幅のぶつ切りにする。
3 なべに油を熱し、牛肉を入れていため、肉の色が変わったら水けをきったごぼうとねぎを加え、さらにいためてごぼうに火を通す。
4 Aを加え、汁けをとばしながらいため、枝豆を加えてさっといため合わせる。

1人分　鉄 2.0mg　エネルギー 272kcal　塩分 0.9g

フランクフルトとブロッコリーのブレゼ

材料［2人分］
- ▶ フランクフルト ……… 3本
- にんじん ……………… ½本
- 玉ねぎ ………………… ½個
- ▶ ブロッコリー
　…（小房に分けてゆでる）½株
- A ┌ 白ワイン・水 … 各大さじ3
　　│ 塩 …………… 小さじ⅖
　　│ こしょう ………… 少量
　　└ ロリエ …………… 1枚

1 フランクフルトは斜めに切れ目を入れ、半分に切る。
2 にんじんは3cm長さに切って4つに割り、面とりをする。玉ねぎはくし形切りにする。
3 なべにフランクフルト、玉ねぎ、にんじん、Aを入れて火にかけ、にんじんがやわらかくなるまで煮る。仕上がりにブロッコリーを加えてひと煮する。

1人分　鉄 1.5mg　エネルギー 294kcal　塩分 2.7g

鶏ひき肉と菜の花の卵とじ

材料 [2人分]
- ▶ 鶏胸ひき肉……………50g
- ▶ 菜の花(ゆでる)………100g
- 生しいたけ……………2枚
- ▶ 油揚げ(油抜きする)……½枚
- ▶ 卵(割りほぐす)…………2個
- A ┌ だし……………½カップ
    │ 砂糖……………大さじ1
    │ しょうゆ・酒…各大さじ½
    └ 塩………………小さじ⅙
- 油………………………小さじ1

1 菜の花は3cm長さに切る。
2 しいたけは石づきを除いて薄切りにし、油揚げは短冊切りにする。
3 フライパンに油を熱し、ひき肉をいため、肉の色が変わったらしいたけを加えていため、油揚げを加える。
4 Aを加え、煮立ちかけたら菜の花を加え、再び煮立ったらとき卵を流し入れ、ふたをして火を消し、半熟状に仕上げる。

1人分 鉄 2.7mg
エネルギー 205kcal　塩分 1.4g

牛タンと玉ねぎのマスタードいため

材料 [2人分]
- ┌ ▶ 牛タンかたまり……150g
- └ 塩・こしょう………各少量
- 玉ねぎ(くし形切り)………½個
- 赤ピーマン(1cm幅の短冊切り)
  ………………………………1個
- ▶ クレソン(一口大にちぎる)
  ………………………………15g
- A ┌ 粒入りマスタード
    │ ……………………大さじ½
    │ 塩………………小さじ⅙
    └ こしょう……………少量
- 油………………………大さじ1

1 牛タンは薄切りにし、塩とこしょうをふる。
2 フライパンに油を熱し、牛タンを入れていため、とり出す。
3 フライパンに玉ねぎと赤ピーマンを入れていため、玉ねぎに火が通ったらAと2を加え、味をからめるようにいためる。クレソンを加え、さっといため合わせる。

1人分 鉄 2.2mg
エネルギー 292kcal　塩分 1.1g

牛レバーの ストロガノフ

材料[2人分]

- ▶牛レバー……………150g
- 塩……………小さじ⅙
- こしょう……………少量
- 小麦粉……………大さじ½
- 玉ねぎ(7mm幅に切る)……………½個
- マッシュルーム(縦半分に切る)……4個
- 油……………大さじ½
- 赤ワイン……………大さじ2
- A
  - トマトピューレ……大さじ2
  - 中濃ソース…………大さじ1
  - 塩・こしょう…………各少量
- ▶クレソン……………適量

1 レバーは食べやすい大きさに切って流水にさらして血抜きをする。水けをふいて塩とこしょうをし、小麦粉をまぶす。

2 なべに油を熱し、レバーを入れて表面に焼き色をつけ、玉ねぎとマッシュルームを加えていためる。

3 玉ねぎがしんなりしたら赤ワインを加え、強火にしてアルコールをとばし、Aを加え、5分程煮る。

4 器に盛り、クレソンを添える。

1人分 鉄 3.6mg　エネルギー 186kcal　塩分 1.6g

ローストビーフサンド

材料 [2人分]
- ▶ ローストビーフ……… 6枚
- ▶ クレソン
  (食べやすい長さにちぎる)… 4本
- 紫玉ねぎ(薄切り)………… 10g
- トマト(くし形切り)……… ½個
- ▶ サラダ菜…………… 2枚
- マヨネーズ………… 大さじ1
- フランスパン…………… ⅓本

1 玉ねぎは水にさらし、水けを絞る。
2 パンは長さを半分に切り、それぞれ縦に切り目を入れ、マヨネーズを塗る。
3 2に1と残りの材料を彩りよくはさむ。

1人分 鉄 2.2mg エネルギー 279kcal 塩分 1.2g

ハム入り巣ごもり卵

材料 [2人分]
- ハムの薄切り(半分に切る)… 2枚
- ▶ ほうれん草………… 150g
- ▶ 卵………………… 2個
- A ┌ 塩………… 小さじ¼
  └ こしょう………… 少量

1 ほうれん草は3cm長さに切り、塩と油各少量(分量外)を加えた沸騰湯でゆで、湯をきる。
2 耐熱容器に1とハムを盛り、卵を割り入れ、卵黄をようじで刺す。
3 2を1個につき、電子レンジ強(600W)で1分、弱で2分程加熱し、好みのかたさに仕上げ、Aをふる。

1人分 鉄 2.5mg エネルギー 130kcal 塩分 1.4g

手作り焼きとり

材料 [2人分]
- ▶ 鶏レバー…………… 150g
- A ┌ しょうゆ・みりん
  │ ………… 各大さじ1
  └ カレー粉……… 小さじ½
- 玉ねぎ(くし形切り)……… ½個
- ししとうがらし(切り目を入れる)
  ………………… 12本

1 レバーは一口大に切り、流水にさらして血抜きをし、水けをきる。混ぜ合わせたAをからめて20分程おく。
2 汁けをふきとり、残りのつけ汁はとっておく。
3 焼き網を熱し、1と野菜を焼き、八分どおり火が通ったらはけで2のつけ汁を塗りながら焼き、火を通す。
4 レバーと野菜を彩りよく串に刺す。

1人分 鉄 7.2mg エネルギー 137kcal 塩分 1.5g

ハムとほうれん草の
サラダが副菜の献立

鉄がたっぷりとれて簡単にできる、朝食などにおすすめのメニューです。ナッツやプルーンなどに含まれている鉄は、吸収率があまりよくないのですが、牛乳などの乳製品と組み合わせることで吸収率がよくなります。ほうれん草、小松菜などの青菜も鉄が豊富です。

MENU

プルーンとナッツ入りコーンフレーク

Feたっぷり
ハムとほうれん草のサラダ

小松菜と
りんごのジュース（165ページ）

1食分 鉄 3.2mg
エネルギー 532kcal　塩分 3.5g

ハムとほうれん草のサラダ

材料[2人分] ▶ほうれん草150g　ハムの薄切り2枚　プロセスチーズ20g　A[油大さじ⅔　酢小さじ1　塩・こしょう各少量]

1 ほうれん草はゆでて3cm長さに切り、ハムは細切りにし、チーズは5mm角に切る。
2 器に盛り、混ぜ合わせたAをかける。

1人分 鉄1.6mg　エネルギー126kcal　塩分1.2g

MENUのレシピ

プルーンとナッツ入りコーンフレーク

材料[2人分] ▶コーンフレーク60g　牛乳1½カップ ▶スライスアーモンド20g ▶プルーン6〜8個

1人分 鉄1.0mg　エネルギー345kcal　塩分0.8g

小松菜とりんごのジュース
（165ページ参照）

1人分 鉄0.6mg　エネルギー61kcal　塩分0g

Feたっぷり献立バリエ

牛ひき肉とごぼうのきんぴら（88ページ）
納豆、じゃこ、
チーズ入り卵焼き（128ページ）
クレソンと枝豆のおろしあえ（73ページ）

ハムとほうれん草のサラダ（24ページ）
チリコンカン（56ページ）
パン

とうもろこしと牛ひき肉のいため物

材料[2人分]
▶牛赤身ひき肉 …………… 100g
コーン(ホール缶詰め) ……… 100g
油 ………………… 大さじ½
A[塩 …………… 小さじ¼
　こしょう ………………… 少量]
▶パセリ(細かくちぎる) ……… 適量

1 フライパンに油を熱し、ひき肉を入れていため、肉の色が変わったらコーンを加えていためる。
2 全体に油がまわったらAを加えて調味する。
3 器に盛ってパセリを散らす。

1人分 鉄1.0mg　エネルギー174kcal　塩分1.0g

鶏ひき肉とはるさめのスープ

材料[2人分]
▶菜の花(ゆでる) …………… 100g
▶鶏胸ひき肉 ……………… 50g
▶はるさめ ……………… 乾15g
▶きくらげ ………………… 適量
油 ………………… 小さじ1
A[塩 …………… 小さじ¼
　こしょう ………………… 少量
　顆粒ブイヨン ……… 小さじ½
　水 ……………… 1½カップ]
B[かたくり粉 ……… 大さじ½
　水 ……………… 大さじ1]

1 菜の花は3cm長さに切る。
2 はるさめは沸騰湯でゆで、食べやすい長さに切る。きくらげはもどして石づきを除く。
3 フライパンに油を熱し、ひき肉を入れていため、色が変わったらAを加えて煮立て、**1**、**2**を加えてひと煮立ちさせる。
4 Bを加えてとろみをつける。

1人分 鉄1.9mg　エネルギー119kcal　塩分1.1g

かぼちゃと牛肉の煮物

材料[2人分]

かぼちゃ(一口大のくし形切り)
　……………………………… 150g
だし …………………… ⅔カップ
A ┌ しょうゆ ………… 大さじ1
　└ 砂糖・みりん
　　　　　　　…… 各大さじ½
▶枝豆(ゆでる)
　……………… さやから出して20g
B ┌▶牛ひき肉 ………… 50g
　│ 砂糖 ……………… 小さじ1
　└ しょうゆ ……… 小さじ½
C ┌ かたくり粉 …… 小さじ½
　└ 水 ……………… 小さじ1

1 なべにかぼちゃとだしを入れて火にかけ、キッチンペーパーで落としぶたをして15分程煮、Aを加えてさらに15〜20分煮る。かぼちゃは器に盛る。
2 Bは混ぜ合わせ、小なべに入れて火にかけ、菜箸数本でかき混ぜてそぼろ状にする。
3 1の煮汁に2と枝豆を加えて煮立て、Cを加えてとろみをつけ、かぼちゃにかける。

1人分 鉄 1.4mg　エネルギー 175kcal　塩分 1.6g

牛肉とえのきのきんぴら

材料[2人分]

▶牛もも薄切り肉(1cm幅に切る)
　……………………………… 150g
▶えのきたけ(細かくほぐす)
　……………………………… 80g
油 ………………………… 大さじ⅔
A ┌ しょうゆ・みりん
　└ ………………… 各大さじ⅔
▶糸三つ葉
　(食べやすい長さにちぎる)… 10g

1 フライパン油を熱し、牛肉を入れていため、肉の色が変わったらえのきを加える。
2 全体にしんなりしたらAを加えて味をからめながらいため、三つ葉を加えてひと混ぜする。

1人分 鉄 1.6mg　エネルギー 222kcal　塩分 1.0g

鶏ひき肉と高菜のうま煮

材料[2人分]

▶鶏胸ひき肉 …………… 150g
▶高菜漬け(1cm幅に切る) …… 80g
しょうが(せん切り) ……… ½かけ
A ┌ 酒 ………………… 大さじ1
　│ 塩・こしょう ……… 各少量
　│ 顆粒ブイヨン …… 小さじ⅓
　└ 水 ……………… ⅔カップ
油 ………………………… 大さじ½
B ┌ かたくり粉 …… 大さじ½
　└ 水 ……………… 大さじ1

1 フライパンに油としょうがを熱し、香りが立ったらひき肉を加えていため、肉の色が変わったら塩抜きをした高菜を加えていためる。
2 全体に油がまわったらAを加えて煮立て、Bを加えてとろみをつける。

1人分 鉄 1.1mg　エネルギー 202kcal　塩分 1.5g

さつま芋のそぼろ煮

材料[2人分]
- 鶏胸ひき肉 ……………… 50g
- さつま芋 ………………… 200g
- A ┌ だし …………………… 1カップ
    │ 砂糖 …………………… 大さじ1
    │ みりん・しょうゆ … 各大さじ½
    └ 塩 ……………………… 小さじ⅕
- B ┌ かたくり粉 …………… 大さじ½
    └ 水 ……………………… 大さじ1

1 さつま芋は4cm長さに切り、縦8等分に切って水につけてアクを除く。
2 なべに水けをきったさつま芋とAを入れて煮立て、火を弱めて15分程煮る。さつま芋は器に盛る。
3 2の煮汁にひき肉を加え、菜箸数本でかき混ぜ、そぼろ状に火を通し、Bを加えてとろみをつける。
4 器に盛ったさつま芋に3をかける。

1人分 鉄0.9mg エネルギー220kcal 塩分1.4g

▶鉄が多い食材 27

ローストビーフと じゃが芋のサラダ

材料[2人分]
- ▶ ローストビーフ……………100g
- じゃが芋……………………1個
- 紫玉ねぎ……………………30g
- ▶ クレソン……………………適量
- A ┌ 酢……………………大さじ½
  │ 砂糖…………………小さじ1
  └ 塩……………………小さじ¼
- マヨネーズ…………………大さじ1

1 ローストビーフは食べやすい大きさに切る。
2 紫玉ねぎは薄切りにし、塩少量(分量外)をふってしんなりしたら水洗いし、水けを絞る。クレソンは手でちぎる。
3 じゃが芋は皮をむいて一口大に切り、水につけてアクを除く。塩少量(分量外)を加えた沸騰湯でやわらかくゆで、ゆで汁を捨て、粉ふき状にする。
4 芋が熱いうちに混ぜ合わせたAであえてさます。**1**、**2**を加えてマヨネーズであえる。

1人分 鉄1.5mg
エネルギー189kcal 塩分1.3g

牛タンと玉ねぎのマリネ

材料 [2人分]
- ▶ 牛タン薄切り …… 150g
- 塩・こしょう …… 各少量
- 油 …… 小さじ1
- 玉ねぎ …… ½個
- A
  - 油 …… 大さじ1
  - 酢 …… 小さじ1
  - 塩・こしょう …… 各少量
- ▶ ルッコラ …… 15g

1 タンは塩とこしょうをふる。玉ねぎは薄切りにする。
2 Aはよく混ぜ合わせ、玉ねぎを加え混ぜる。
3 フライパンに油を熱し、タンを入れてこんがりと焼き、中まで火を通し、熱いうちに2に加え混ぜる。
4 器に盛り、食べやすい長さにちぎったルッコラを添える。

1人分 鉄 2.1mg　エネルギー 297kcal　塩分 1.0g

鶏レバーと玉ねぎの煮物

材料 [2人分]
- ▶ 鶏レバー …… 150g
- A
  - ねぎの青い部分・しょうがの皮 …… 各適量
- 玉ねぎ(くし形切り) …… ½個
- にんじん(短冊切り) …… 30g
- B
  - しょうゆ …… 大さじ1⅓
  - 酒・砂糖 …… 各大さじ1
  - 水 …… 1カップ
- さやいんげん(ゆでる) …… 2本

1 レバーは流水に20分程さらして血抜きをし、一口大に切る。
2 Aを入れた沸騰湯でレバーをゆで、色が変わったらとり出して湯をきる。
3 別のなべにBを入れて煮立て、野菜とレバーを加え、再び煮立ったら火を弱め、汁けがほとんどなくなるまで煮る。
4 器に盛り、斜め1cm長さに切ったさやいんげんを散らす。

1人分 鉄 7.1mg　エネルギー 143kcal　塩分 1.9g

Fe たっぷりの常備菜&アレンジ料理

> 肉が主役の

鉄たっぷりの豚赤身ひき肉に、鉄を多く含む大豆と歯ざわりのよい野菜を組み合わせました。密閉容器に入れて冷蔵庫で4～5日間保存できます。

大豆入り肉みそ

材料[6人分]
- ▶豚赤身ひき肉 …………… 200g
- ▶水煮大豆(水けをきる) …… 150g
- ゆで竹の子(みじん切り) …… 50g
- ▶干ししいたけ(もどしてみじん切り)‥2枚
- しょうが・にんにく(みじん切り) …… 各1かけ
- 油 …………………… 大さじ1
- A
  - しょうゆ・酒・甜麺醤 …… 各大さじ1
  - ▶みそ・砂糖・かたくり粉 …… 各大さじ⅔
  - 水 …………………… ¼カップ

1 なべに油、しょうが、にんにくを入れて熱し、香りが立ったらひき肉を加えていためる。
2 肉の色が変わったら大豆、干ししいたけ、竹の子を加えていため、Aを加えてとろみがつくまでいためる。

1人分 鉄 0.7mg　エネルギー 133kcal　塩分 1.0g

ほうれん草の肉みそいため

材料[2人分]
- ▶大豆入り肉みそ …………… ⅓量
- ▶ほうれん草(ゆでる) ……… 150g
- 油 …………………… 大さじ½
- しょうゆ …………………… 小さじ1

1 ほうれん草は3cm長さに切る。
2 フライパンに油を熱し、大豆入り肉みそを入れていため、1を加え、全体に混ざったらしょうゆを加えて手早くいためる。

1人分 鉄 2.3mg　エネルギー 178kcal　塩分 1.4g

アレンジ **arrange A**

アレンジ

豆腐の肉みそあんかけ

材料[2人分]
- 大豆入り肉みそ……………1/6量
- もめん豆腐(4つに切る)………1丁
- 菜の花(ゆでる)……………100g
- A ┌ だし………………2/3カップ
    │ 酒…………………大さじ1/2
    └ しょうゆ……………小さじ1
- B ┌ かたくり粉…………小さじ1
    └ 水…………………小さじ2

1 菜の花は3cm長さに切る。
2 なべにAを入れて煮立て、豆腐を加えて煮、豆腐が温まったらとり出して器に盛り、菜の花をのせる。
3 **2**のなべに大豆入り肉みそを加え、煮立ったらBを加えてとろみをつけ、**2**にかける。

1人分 鉄 3.2mg
エネルギー 204kcal　塩分 1.0g

肉みそサンド

材料[2人分]
- 大豆入り肉みそ……………1/3量
- サラダ菜(半分に切る)………4枚
- トマト(くし形切り)…………小1/4個
- ロールパン…………………4個

パンの中央に切り目を入れ、野菜と大豆入り肉みそをはさむ。

1人分 鉄 1.5mg
エネルギー 328kcal　塩分 1.7g

アレンジ **arrange C**

Fe たっぷりの献立＆おかず

魚介を使った

Fe たっぷり食品

 アサリ殻つきで200g 鉄3.0mg
 なまり節100g 鉄5.0mg
 ホタテ貝ワタ・ヒモつき100g 鉄2.2mg
 イワシの丸干し2尾50g 鉄2.2mg
 シジミ殻つきで150g 鉄2.0mg

カツオ80g 鉄1.5mg　サンマ100g 鉄1.4mg　マグロ80g 鉄1.4mg　カキ5個65g 鉄1.2mg　ブリ80g 鉄1.0mg

イワシなどの青い背の魚はIPAやDHAなどの脂肪酸だけでなく、鉄も豊富な素材です。ルッコラを添えるとさらに鉄たっぷりになります。水煮の豆類には100gあたり平均1.5〜2.0mgぐらいの鉄が含まれています。ほうれん草入りのスパゲティからは、ビタミン類もしっかりとることができます。

イワシのパン粉焼きが主菜の献立

イワシのパン粉焼き

材料[2人分] [▶イワシ2尾 塩小さじ⅕ こしょう少量 オリーブ油大さじ⅔ A[オリーブ油大さじ1 にんにく¼かけ パン粉大さじ2½ 塩小さじ⅙ ▶パセリのみじん切り小さじ1] B[レモンのくし形切り¼個分 ▶ルッコラ15g]

1 フライパンにAのオリーブ油とみじん切りにしたにんにくを加え、パン粉と塩を加えていためる。パセリを加える。
2 イワシは手開きにして中骨を除き、塩とこしょうをふって天板にのせ、オリーブ油をかけ、220度のオーブンで10分程焼く。
3 器に盛り、1をかけ、Bを添える。

1人分 鉄 2.1mg エネルギー 333kcal 塩分 1.4g

MENUのレシピ ● ● ● ●

ほうれん草入りペペロンチーノ

材料[2人分] スパゲティ乾100g ▶ほうれん草150g 赤とうがらし½本 にんにく½かけ オリーブ油大さじ1 塩小さじ½ こしょう少量

1人分 鉄 2.3mg エネルギー 264kcal 塩分 1.5g

レンズ豆とサニーレタスのサラダ
(137ページ参照)

1人分 鉄 1.3mg エネルギー 142kcal 塩分 0.7g

MENU

Feたっぷり
イワシのパン粉焼き
ほうれん草入りペペロンチーノ
レンズ豆と
サニーレタスのサラダ(137ページ)

1食分 鉄 5.7mg エネルギー 739kcal 塩分 3.6g

Feたっぷり献立バリエ

カキの黒酢いため(42ページ)
きくらげの白あえ(60ページ)
せりとじゃこのいため浸し(73ページ)
ごはん

アサリと小松菜の卵とじ(34ページ)
なめことオクラの納豆あえ(150ページ)
油揚げと小松菜のみそ汁(108ページ)
ごはん

ブリのチーズ焼き(40ページ)
厚揚げのガドガド(59ページ)
シジミのにんにく風味スープ(151ページ)
ごはん

アサリと小松菜の卵とじ

材料 [2人分]
- ▶ アサリ……殻つきで150g
- 酒……………………大さじ1
- ▶ 小松菜(ゆでる)………100g
- にんじん………………10g
- ▶ 油揚げ(油抜きする)……½枚
- ▶ 卵……………………2個
- A ┌ だし……………½カップ
  │ しょうゆ………大さじ1
  │ 砂糖……………大さじ1½
  └ 酒………………大さじ1

1 アサリは塩水(分量外)につけて砂抜きする。
2 小松菜は3cm長さに切る。にんじんはせん切り、油揚げは短冊切りにする。
3 フライパンに水けをきったアサリ、酒を入れ、ふたをして強火で熱し、酒蒸しにする。
4 アサリの口が開いたらA、にんじん、油揚げ、小松菜の順に加え、ひと煮する。
5 割りほぐした卵を流し入れ、ふたをして火を消し、半熟状に仕上げる。

1人分 鉄 3.8mg　エネルギー 162kcal　塩分 2.2g

サンマの高菜煮

材料 [2人分]
- ▶ サンマ…………………2尾
- ▶ 高菜漬け………………50g
- しょうが………………½かけ
- ねぎ……………………½本
- A ┌ 水………………⅔カップ
  │ しょうゆ………大さじ⅔
  │ 酒………………大さじ1
  └ 砂糖……………小さじ1

1 サンマは頭と内臓を除いて水洗いし、水けをふいて長さを半分に切る。高菜は塩辛ければ塩抜きし、みじん切りにする。
2 しょうがはせん切りにし、ねぎは斜め薄切りにする。
3 なべにAと2を入れて火にかけ、煮立ったらサンマを並べ入れ、再び煮立ったらキッチンペーパーで落としぶたをし、火を弱めて10分程煮る。
4 高菜を加え、ときどき煮汁をすくいかけながら、10分程煮て火を通す。

1人分 鉄 2.1mg　エネルギー 344kcal　塩分 2.6g

Fe 魚介を使ったたっぷりの主菜

カツオのたたき

材料[2人分]
- カツオ(刺し身用)··········· 200g
- 京菜··················· 100g
- ねぎ··················· ¼本
- A[ポン酢············· 大さじ1
    しょうゆ············ 大さじ1]

1 カツオは5mm厚さに切る。
2 ねぎはせん切りにして水にさらし、水けをきる。京菜は10cm長さに切って水に放ってパリッとさせ、水けをきる。
3 器に1を盛り、2をのせ、混ぜ合わせたAをかける。

1人分
鉄 3.1mg
エネルギー 137kcal　**塩分** 1.5g

Fe 魚介を使ったたっぷりの主菜

アサリの酒蒸し

材料［2人分］
- アサリ …………殻つきで300g
- にんにく……………………½かけ
- 油………………………大さじ½
- 酒………………………大さじ1
- A [しょうゆ……………小さじ1
-    こしょう………………少量]
- パセリ……………………適量

1 アサリは塩水（分量外）につけて砂抜きする。
2 にんにくはみじん切りにする。
3 フライパンに油とにんにくを入れて弱火にかけ、香りが立ったらアサリを加えてふたをし、アサリの口が開くまで蒸し煮する。
4 Aを加えてさっといためる。器に盛ってパセリを添える。

1人分 鉄 2.5mg
エネルギー 58kcal　塩分 4.3g

カツオのスパイシー揚げ

材料[2人分]
- カツオ …………… 200g
- A みりん・しょうゆ …………… 各大さじ1
    カレー粉 ……… 小さじ1
- 小麦粉 …………… 適量
- 揚げ油
- サラダ菜 …………… 2枚

1 カツオは一口大に切る。
2 Aを混ぜ合わせ、カツオをつけ、20分程おく。
3 カツオの汁けをキッチンペーパーでふきとり、小麦粉を薄くまぶす。
4 170〜180度に熱した揚げ油でカラリと揚げる。
5 皿に盛り、サラダ菜を添える。

1人分 鉄 2.5mg　エネルギー 212kcal　塩分 1.4g

マグロのカルパッチョ

材料[2人分]
- マグロの赤身(刺し身用) …………… 150g
- ルッコラ …………… 15g
- クレソン …………… 10g
- オリーブ油 ………… 大さじ1
- 塩 ………………… 小さじ1/6
- こしょう …………… 少量

1 マグロは食べやすい大きさに薄くそぎ切りにし、皿に並べる。
2 1にオリーブ油をかけ、塩とこしょうをふり、手でちぎったルッコラとクレソンをのせる。

1人分 鉄 1.0mg　エネルギー 151kcal　塩分 0.6g

Fe 魚介を使った たっぷりの主菜

しめサバのごまだれかけ

材料 [2人分]
- しめサバ …………… 150g
- わかめ ………… もどして30g
- 根三つ葉(ゆでる) …… 80g
- A ┌ 練り白ごま …… 大さじ1
    │ しょうゆ・酒 … 各大さじ2/3
    │ 砂糖 ………… 小さじ1/3
    └ だし ………… 大さじ2
- いり白ごま ………… 適量

1 サバは厚みの半分まで切り目を入れながら1cm厚さに切る。
2 根三つ葉は3cm長さに切る。わかめは食べやすい大きさに切る。根三つ葉とわかめは混ぜ合わせる。
3 器に2を盛り、1をのせ、混ぜ合わせたAをかけ、ごまを散らす。

1人分 鉄 2.5mg エネルギー 324kcal 塩分 2.3g

サバのぬか煮

材料 [2人分]
- サバ ……………… 2切れ
- しょうが …………… 1/2かけ
- ねぎ ………………… 1/2本
- こんぶ …………… 5cm角1枚
- 水 ………………… 1カップ
- A ┌ しょうゆ …… 大さじ1 1/2
    │ 砂糖 ………… 大さじ1 1/4
    └ 酒 …………… 大さじ1/2
- ぬか ……………… 大さじ2

1 サバは皮に切り目を入れる。しょうがは皮つきのまま薄切りに、ねぎはぶつ切りにする。こんぶは1cm角の色紙切りにする。
2 なべに水とこんぶを入れて火にかけ、煮立ち始めたらAを加える。
3 サバ、しょうが、ねぎを加えて煮立ちかけたら火を弱め、15～20分程煮る。
4 ぬかを加えてひと煮する。

1人分 鉄 1.9mg エネルギー 267kcal 塩分 2.4g

丸干しの揚げ漬け

材料[2人分]
▶ イワシの丸干し ……… 6尾
ごぼう ……………… 小½本
ねぎ ………………… ½本
揚げ油
A ┌ しょうゆ・酢 …各⅓カップ
　│ 酒・砂糖 ……… 各大さじ2
　└ 水 ……………… ¼カップ

1 ごぼうは乱切りにして水にさらす。ねぎはせん切りにする。
2 ねぎとごぼうの水けをふきとり、160度に熱した揚げ油で揚げ、とり出す。170～180度に温度を上げ、丸干しを入れてカラリと揚げる。
3 ごぼうと丸干しが熱いうちに混ぜ合わせたAにつけ、味をなじませる。
4 器に盛ってねぎをのせる。

1人分 鉄 3.7mg
エネルギー 245kcal　塩分 3.3g

イワシのにら入りつみれ

材料[2人分]
▶ イワシ ……………… 3尾
しょうが(すりおろす) …… ½かけ
にら(5mm長さに切る) ……… 25g
玉ねぎ(みじん切り) ……… 30g
にんじん(あらみじん切り) … 20g
▶ 枝豆(ゆでる)
　……… さやから出して30g
A ┌ 酒 ……………… 大さじ1
　│ ナンプラー …… 大さじ½
　│ 豆板醤・砂糖
　│ ……………… 各小さじ½
　└ かたくり粉 …… 大さじ⅔
揚げ油
青梗菜 ……………… 1株
▶ えのきたけ ……… 40g

1 イワシは頭と内臓を除き、三枚おろしにして皮と腹骨をとり除き、包丁でよくたたいて細かく刻む。
2 1に枝豆、しょうが、にら、玉ねぎ、にんじん、Aを加えてよく練り混ぜ、6等分して円形にまとめる。
3 170～180度に熱した油でカラリと揚げ、中まで火を通す。
4 青梗菜は1枚ずつに分けて3cm長さに切り、えのきは根元を切り除いてほぐし、それぞれ沸騰湯でゆで、混ぜ合わせる。
5 器に**3**を盛って**4**を添える。

1人分 鉄 2.8mg
エネルギー 289kcal　塩分 1.3g

▶ 鉄が多い食材

ウナギのスパゲティ

材料 [2人分]
- スパゲティ …………… 乾100g
- ▶ ウナギのかば焼き …… 1串
- しめじ …………………… 60g
- にんじん ………………… 20g
- ▶ 枝豆(ゆでる)
  …… さやから出して30g
- A ┌ オイスターソース … 大さじ2
    │ 酒 ……………… 大さじ1
    └ しょうゆ ……… 大さじ½
- 油 ………………… 大さじ1

1 ウナギは一口大に切る。しめじは石づきを除いて小房に分け、にんじんはせん切りにする。
2 スパゲティは表示の通りにゆでる。
3 フライパンに油を熱し、にんじんとしめじを入れていため、全体に油がまわったらAとウナギを加え、味をからめるように混ぜる。2を加え混ぜ、仕上がりぎわに枝豆を加えてひと混ぜする。

1人分 鉄 1.9mg
エネルギー 446kcal 塩分 2.9g

ブリのチーズ焼き

材料 [2人分]
- ┌ ▶ ブリ …………………… 2切れ
  │ 塩 ……………… 小さじ⅙
  └ こしょう ……………… 少量
- ピーマン …………… 緑・赤各¼個
- ▶ バジル …………………… 2枚
- とろけるチーズ ……………… 40g

1 ブリは塩とこしょうをふる。
2 ピーマン2種は5mm角に切り、バジルは手で細かくちぎる。
3 15cm角のアルミ箔を2枚用意し、それぞれに薄く油(分量外)を塗る。ブリを1切れずつ置いてチーズと2を等分にのせて包み、口を閉じる。
4 200度に熱したオーブンで15～20分焼く。

1人分 鉄 1.1mg
エネルギー 287kcal 塩分 1.0g

Fe 魚介を使った たっぷりの主菜

カキの クラッカー衣揚げ

材料[2人分]
- カキ……………………150g
- 塩………………………小さじ⅙
- こしょう………………少量
- 小麦粉…………………適量
- ▶とき卵…………………½個分
- クラッカー……………8枚
- 揚げ油
- 粉チーズ………………小さじ1
- ▶クレソン………………15g
- ▶サニーレタス…………2枚

1 カキはざるに入れて水洗いし、キッチンペーパーで水けをふきとり、塩とこしょうをふる。
2 クラッカーはビニール袋に入れて細かく砕く。
3 1に薄く小麦粉をまぶし、とき卵、クラッカーの順に衣をつける。
4 170度に熱した揚げ油に**3**を入れ、カラリと色よく揚げる。
5 皿に盛り、粉チーズをかけ、手でちぎったクレソンとサニーレタスを添える。

1人分 **鉄** 2.1mg
エネルギー 186kcal **塩分** 1.8g

▶鉄が多い食材

カキの黒酢いため

材料[2人分]

- ▶ カキ ……………………… 150g
- 玉ねぎ …………………… ½個
- ▶ 糸三つ葉 ………………… 15g
- ▶ 卵 ………………………… 1個
- A
  - 黒酢 ……………… 大さじ2
  - しょうゆ ………… 大さじ⅔
  - 砂糖・酒 ………… 各大さじ½
  - おろししょうが … ½かけ分
- 油 ………………………… 大さじ1

1 カキはざるに入れて塩水に浸してふり洗いし、水で洗い流す。
2 玉ねぎはくし形切りにする。糸三つ葉は1.5cm長さに切る。
3 フライパンに½量の油を熱し、割りほぐした卵を入れ、スプーンで大きくかき混ぜ、とり出す。
4 フライパンに残りの油を熱し、玉ねぎを加えていため、しんなりしてきたらカキを加え、火を通す。
5 3と混ぜ合わせたAを加え、味をからめながらいため上げる。
6 器に盛り、糸三つ葉を散らす。

1人分　鉄 2.2mg
エネルギー 179kcal　塩分 1.9g

シシャモのバジルソテー

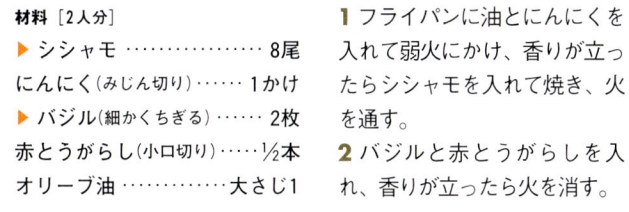

材料 [2人分]
- シシャモ …………… 8尾
- にんにく(みじん切り) …… 1かけ
- バジル(細かくちぎる) …… 2枚
- 赤とうがらし(小口切り) …… ½本
- オリーブ油 ………… 大さじ1

1 フライパンに油とにんにくを入れて弱火にかけ、香りが立ったらシシャモを入れて焼き、火を通す。
2 バジルと赤とうがらしを入れ、香りが立ったら火を消す。

1人分 鉄 1.2mg　エネルギー 205kcal　塩分 1.2g

マグロの納豆おろし添え

材料 [2人分]
- マグロの赤身(刺し身用) …… 150g
- しょうゆ ………… 小さじ1
- おろし大根 ………… 100g
- ひき割り納豆 ……… 40g
- しょうゆ ………… 小さじ1
- 小ねぎ(小口切り) ……… 適量

1 マグロは拍子木切りにしてしょうゆをふり、器に盛る。
2 納豆にしょうゆとおろし大根、小ねぎを加えてよく混ぜ、1に添える。

1人分 鉄 1.6mg　エネルギー 146kcal　塩分 0.9g

ホタテ貝の網焼き

材料 [2人分]
- ホタテ貝(殻つき) ……… 2個
- A [しょうゆ・酒 ……… 各大さじ½]
- しめじ(小房に分ける) …… 60g
- ししとうがらし(切り目を入れる) …… 6本

1 ホタテ貝は殻をあけて身をはずす。片方の殻に身をのせ、Aをふる。
2 1を熱した焼き網でこんがりと焼き、中まで火を通す。焼き網のあいている所でしめじとししとうをこんがりと焼く。
3 器に2を盛り合わせる。

1人分 鉄 2.9mg　エネルギー 101kcal　塩分 1.6g

マグロの中でもメジマグロが最も鉄を多く含んでいます。赤身の部分はあっさりとしすぎる感じがするので、ねばねば野菜のオクラや山芋と組み合わせて食感をよくします。切り干し大根は鉄が豊富なうえ、日もちがよい素材です。なますにして味に変化をつけます。野菜はかき揚げにして献立にボリューム感を持たせます。

マグロのオクラ山かけが副菜の献立

Fe 魚介を使った たっぷりの献立&おかず

MENU

大豆とそら豆のかき揚げ(54ページ)
Feたっぷり
マグロのオクラ山かけ
切り干し大根とあんずのなます(73ページ)
ごはん[150g]

1食分 鉄 5.3mg エネルギー 901kcal 塩分 3.0g

マグロのオクラ山かけ

材料[2人分] [▶ マグロの赤身150g
しょうゆ小さじ½　酒小さじ1]
大和芋100g　オクラ5本　▶ とんぶり大
さじ2　しょうゆ大さじ½

1 マグロはぶつ切りにしてしょうゆと酒を
ふる。大和芋はすりおろし、オクラはゆで
て小口切りにする。
2 1を器に盛り、とんぶりをのせ、しょうゆ
をかける。

1人分　鉄 1.6mg
　　　エネルギー 169kcal　塩分 0.9g

MENUのレシピ●●●

大豆とそら豆のかき揚げ(54ページ参照)

1人分　鉄 1.4mg
　　　エネルギー 376kcal　塩分 0.9g

**切り干し大根と
あんずのなます**(73ページ参照)

1人分　鉄 2.3mg
　　　エネルギー 104kcal　塩分 1.2g

Feたっぷり献立バリエ

丸干しと京菜のサラダ(47ページ)
チーズパンキッシュ(128ページ)
モロヘイヤ入りきな粉ミルク(167ページ)

カキのみぞれ酢あえ(45ページ)
油揚げ入り肉じゃが(102ページ)
小松菜のみそ汁
ごはん

カキのみぞれ酢あえ

材料[2人分]
▶ カキ(生食用) ················ 150g
おろし大根 ················ 150g
A ┌ 酢 ················ 大さじ1½
　│ だし ················ 大さじ1
　└ 塩 ················ 小さじ⅓

1 カキはざるに入れて塩水でふり洗
いし、水けをきる。
2 1とおろし大根を混ぜ合わせたA
であえる。

1人分　鉄 1.6mg
　　　エネルギー 61kcal　塩分 2.0g

なまり節のしょうが煮

材料[2人分]
▶ なまり節 ················ 150g
しょうが ················ ½かけ
A ┌ しょうゆ・酒・砂糖 ···各大さじ1
　└ 水 ················ 1カップ
▶ 小松菜(ゆでる) ················ 150g

1 なまり節は骨を除き、一口大に切
る。しょうがはせん切りにする。
2 なべにAを入れて煮立て、1を加え
て弱火で汁けがほとんどなくなるま
で煮る。
3 2を器に盛り、3cm長さに切った小
松菜を添える。

1人分　鉄 6.0mg
　　　エネルギー 173kcal　塩分 1.5g

▶鉄が多い食材

アサリのみそ汁

材料 [2人分]
- アサリ‥‥‥‥殻つきで200g
- みそ‥‥‥‥‥‥‥大さじ1½
- 水‥‥‥‥‥‥‥‥1½カップ

1 アサリは塩水につけて砂抜きする。
2 なべに水とアサリを入れて火にかけ、アサリの口が開いたらアクを除き、みそをとき入れる。

1人分 鉄 2.1mg
エネルギー 37kcal　塩分 2.6g

シジミのしょうゆ漬け

材料 [2人分]
- シジミ(砂抜きする)
  ‥‥‥‥‥‥殻つきで200g
- A ┌ にんにく(みじん切り)
  │　‥‥‥‥‥‥‥‥‥‥½かけ
  │ 赤とうがらし(小口切り)
  │　‥‥‥‥‥‥‥‥‥‥½本
  │ しょうゆ‥‥‥‥大さじ1½
  │ 酒‥‥‥‥‥‥‥‥大さじ½
  └ 砂糖・小さじ1　水・大さじ1
- 小ねぎ‥‥‥‥‥‥‥‥適量

1 シジミとAを小なべに入れ、ふたをして火にかけ、煮立つ直前に火を止める（殻はやや開きかけぐらいでよい）。
2 容器にあけてさまし、味をなじませ、小ねぎを散らす。

1人分 鉄 1.6mg
エネルギー 37kcal　塩分 2.0g

船場汁

材料 [2人分]
- サバのあら‥‥‥‥‥150g
- 大根(短冊切り)‥‥‥‥‥100g
- 大根の葉(ゆでて3cm長さに切る)
  ‥‥‥‥‥‥‥‥‥‥50g
- だし‥‥‥‥‥‥‥2½カップ
- A ┌ しょうゆ‥‥‥‥大さじ½
  │ 酒‥‥‥‥‥‥‥‥大さじ1
  └ 塩‥‥‥‥‥‥‥‥‥少量

1 サバは一口大に切る。
2 なべにだし、1、大根を入れて弱火で大根がやわらかくなるまで煮る。
3 Aを加えてひと煮し、大根の葉を加える。

1人分 鉄 1.3mg
エネルギー 100kcal　塩分 1.5g

Fe 魚介を使ったたっぷりの副菜

丸干しと京菜のサラダ

材料[2人分]
- イワシの丸干し …………… 3尾
- 京菜 ……………………… 50g
- トマト …………………… ½個
- グリーンアスパラ(ゆでる) …… 2本
- A ┌ 酢・油 ………… 各大さじ1
  │ しょうゆ ……… 大さじ⅔
  └ 塩・砂糖 ………… 各少量

1 京菜は食べやすい長さに切り、トマトは半分に切って5mm幅に切る。アスパラは斜め切りにする。
2 丸干しは半分に切って、熱した焼き網でこんがりと焼く。
3 Aは混ぜ合わせる。
4 1と2を器に盛り、食べるときに3をかける。

1人分 鉄 2.6mg
エネルギー 155kcal　塩分 2.5g

▶鉄が多い食材　47

Fe 魚介を使った たっぷりの副菜

イワシとわけぎの酢みそあえ

材料[2人分]
- イワシ(刺し身用)……3尾
- わけぎ(ゆでる)……150g
- A
  - 白みそ……大さじ1½
  - 酢・砂糖……各大さじ½
  - だし……大さじ1

1 イワシは三枚おろしにして皮を除き、斜め1cm幅に切る。
2 わけぎは包丁の背でぬめりをこそげ落として3cm長さに切る。
3 小なべにAを入れて弱火にかけ、焦がさないように混ぜ、ポッタリしてきたら火から下ろし、さます。
4 1と2を3であえる。

1人分 鉄 2.1mg
エネルギー 224kcal 塩分 1.1g

アカガイの酢の物

材料 [2人分]
- ▶ アカガイ……………100g
- きゅうり……………½本
- わかめ…………もどして30g
- A ┌ 酢……………大さじ1
  │ しょうゆ………小さじ1
  │ 塩……………少量
  └ だし……………大さじ2

1 アカガイは塩水で洗って水けをきり、食べやすい大きさに切る。きゅうりは蛇腹切りにし、一口大に切って塩水につけ、しんなりしたら水洗いし、水けを絞る。わかめは水でもどし、一口大に切る。
2 1を器に盛り、混ぜ合わせたAをかける。

1人分 鉄 2.6mg
エネルギー 45kcal　塩分 1.1g

じゃこと枝豆の煮物

材料 [2人分]
- ▶ 枝豆（ゆでる）
  …さやから出して½カップ
- ちりめんじゃこ……………15g
- しょうが……………½かけ
- ねぎ……………⅓本
- A ┌ 水……………⅓カップ
  │ 顆粒ブイヨン……小さじ1
  │ 酒……………大さじ1
  │ 塩……………小さじ⅕
  └ こしょう……………少量
- 油……………大さじ1
- B ┌ かたくり粉………小さじ1
  └ 水……………小さじ2

1 しょうがはせん切りにし、ねぎは1cm幅のぶつ切りにする。
2 フライパンに油としょうがを熱し、香りが立ったらねぎを加えてさっといためる。Aを加えて煮立ったら枝豆とじゃこを加える。
3 Bを加えてとろみをつける。

1人分 鉄 1.1mg
エネルギー 133kcal　塩分 1.6g

▶ 鉄が多い食材

魚が主役の Fe たっぷりの常備菜&アレンジ料理

カツオを子供が大好きなカレー風味で煮ました。カツオの血合いの部分は鉄を特に多く含んでいます。密閉容器に入れて冷蔵庫で3～4日間保存できます。

カツオのカレー角煮

材料[6人分]
- ▶ カツオ(1cm厚さに切る)……500g
- しょうが(薄切り)……1かけ
- 玉ねぎ(くし形切り)……1個
- A
  - 水……1 2/3カップ
  - しょうゆ……大さじ2 2/3
  - 砂糖……大さじ2 1/2
  - 酒……大さじ2
  - カレー粉……小さじ1

なべにAを煮立て、すべての材料を加えて弱火で味がなじむまで煮る。

1人分 鉄 1.9mg
エネルギー 138kcal 塩分 1.2g

アレンジ A

カツオ入りポテトサラダ

材料[2人分]
- ▶ カツオのカレー角煮……1/4量
- じゃが芋(一口大に切る)……大1個
- きゅうり(小口切り)……1/2本
- 玉ねぎ(薄切り)……30g
- A
  - 酢……大さじ1/2
  - 砂糖……小さじ1/2
  - 塩……小さじ1/5
- B
  - プレーンヨーグルト……大さじ2
  - マヨネーズ……大さじ1

1 きゅうりと玉ねぎに塩少量(分量外)をふり、水けを絞る。
2 じゃが芋は水につけてアクを除き、なべにひたひたの水とともに入れて火にかけ、やわらかくなるまでゆで、ゆで汁を捨て、火にかけて水分をとばして粉吹き芋にする。
3 芋が熱いうちに混ぜ合わせたAであえ、そのままさます。
4 1とカツオのカレー角煮を加えてBであえる。

1人分 鉄 1.9mg
エネルギー 223kcal 塩分 1.7g

アレンジ

カツオのチーズピカタ

材料 [2人分]
- ▶ カツオのカレー角煮 ……… 1/3量
- ▶ のり … 全形(1cm幅の帯状に切る) 1/4枚
- A ┌ ▶ 卵 ………………………… 1個
  │ 塩・こしょう ………… 各少量
  └ 粉チーズ …………… 大さじ1
- 油 …………………………… 大さじ1

1 のりは1枚ずつカツオに巻き、混ぜ合わせたAをからめる。
2 フライパンに油を熱し、**1**を入れてこんがりと焼く。両面うっすらときつね色になったら、再びAにくぐらせて両面を焼き、皿に盛る。

1人分 鉄 2.4mg
エネルギー 246kcal　塩分 1.6g

カツオ入り野菜いため

材料 [2人分]
- ▶ カツオのカレー角煮 ……… 1/4量
- 玉ねぎ(薄切り) ……………… 1/4個
- キャベツ(3cm角切り) ………… 2枚
- ピーマン(1cm幅の短冊切り) …… 1/2個
- にんじん(短冊切り) …………… 20g
- 酒・油 ………………… 各大さじ1
- A ┌ 塩 …………………… 小さじ1/6
  │ しょうゆ …………… 小さじ1
  └ こしょう …………… 少量

1 フライパンに油を熱し、玉ねぎ、にんじん、ピーマン、キャベツの順に入れていため、カツオのカレー角煮を加え、酒をふってふたをする。
2 野菜がしんなりしてきたら、Aを加えていため合わせる。

1人分 鉄 1.8mg
エネルギー 197kcal　塩分 1.9g

アレンジ arrange

Fe たっぷりの献立&おかず

豆・豆製品を使った

| Fe たっぷり食品 | 厚揚げ½枚(125g) 鉄3.3mg | レンズ豆(乾)30g 鉄2.8mg | 水煮大豆50g 鉄0.9mg | 豆乳1カップ(206g) 鉄2.5mg | いんげん豆(乾)30g 鉄1.8mg |

生湯葉50g 鉄1.8mg　納豆1パック(50g) 鉄1.7mg　がんもどき小2個(40g) 鉄1.4mg　きな粉大さじ2(12g) 鉄1.1mg

干し湯葉は保存ができる鉄が豊富な素材ですが、1回に食べる量が少ないのでそれだけでは鉄を充分にとることができません。鉄が多い卵と組み合わせ、鉄たっぷりの1品にします。そばは主食類の中では鉄を多く含みます。納豆を添えることでさらに鉄をプラスできます。簡単にできるメニューなので昼食などにおすすめです。

湯葉とゴーヤーの卵サラダが主菜の献立

湯葉とゴーヤーの卵サラダ

材料[2人分] ゴーヤー1/2本 [▶干し湯葉2枚 揚げ油適量] ▶卵2個 もやし100g トマト小1/2個 A[しょうゆ大さじ1 ごま油・酢各大さじ1/2 砂糖小さじ1/3]

1 卵は70度の湯に25〜30分入れて温泉卵を作る。ゴーヤーは斜め薄切りにし、塩少量(分量外)をふってしんなりしたら水洗いして水けを絞る。
2 湯葉は160度に熱した油で揚げ、食べやすい大きさに割る。
3 ゆでたもやし、一口大に切ったトマト、1、2を器に盛り、混ぜ合わせたAをかける。

1人分 鉄 1.5mg
エネルギー 137kcal 塩分 1.4g

MENUのレシピ

納豆おろしそば

材料[2人分] そば乾100g おろし大根200g [▶ひき割り納豆50g しょうゆ大さじ2] ▶糸三つ葉適量 ▶いり白ごま小さじ1/3

1人分 鉄 3.7mg
エネルギー 322kcal 塩分 2.7g

すいか

材料[2人分] すいか230g

1人分 鉄 0.2mg
エネルギー 42kcal 塩分 0g

MENU

Feたっぷり
湯葉とゴーヤーの卵サラダ
納豆おろしそば
すいか

1食分 鉄 5.2mg
エネルギー 488kcal 塩分 4.1g

Feたっぷり献立バリエ

納豆ザーサイチャーハン(57ページ)
鶏ひき肉とはるさめのスープ(25ページ)
オレンジ

レンズ豆のカレー(55ページ)
サニーレタスとトマトのじゃこあえ(114ページ)
りんご

豆腐入りもつ煮(54ページ)
三つ葉とひじきのごまあえ(147ページ)
ごはん

▶鉄が多い食材

大豆とそら豆のかき揚げ

材料［2人分］
- 水煮大豆・プロセスチーズ ……………… 各30g
- ねぎ ……………………… 1/3本
- そら豆(ゆでる) ……… さやから出して100g
- A
  - とき卵 ………… 1/2個分
  - 小麦粉 ………… 1/2カップ
  - 冷水 ………… 1/3カップ強
  - 塩 ………………… 少量
- 揚げ油

1 チーズは1cm角に切る。ねぎは5mm幅のぶつ切りにする。そら豆は薄皮をとり除く。
2 ボールに1と水けをきった大豆を入れて、小麦粉大さじ1をふり入れ、軽く混ぜる。
3 別のボールにAをさっくりと混ぜ、2を加えてからめる。
4 170～180度に熱した揚げ油に3をスプーンですくって落とし入れる。ときどき返しながら2～3分色よく揚げる。

1人分 鉄 1.5mg
エネルギー 382kcal　塩分 0.9g

豆腐入りもつ煮

材料［2人分］
- 鶏レバー …………… 150g
- A
  - ねぎの青い部分・
  - しょうがの皮 …… 各適量
- もめん豆腐(一口大に切る) ……………………… 1/3丁
- 大根(いちょう切り) …… 100g
- にんじん(いちょう切り) …… 30g
- ごぼう(斜め薄切り) …… 小1/4本
- 白こんにゃく(そぎ切り) …… 1/4枚
- 水 …………………… 1・1/2カップ
- A
  - 砂糖・酒・赤みそ …………… 各大さじ2
  - しょうゆ ……… 大さじ1
- 小ねぎ(小口切り) …… 適量

1 レバーは流水にさらして血抜きし、一口大に切り、Aを入れた沸騰湯でゆで、色が変わったらとり出して湯をきる。
2 ごぼうは水につけてアクを除き、水けをきる。
3 なべに水、大根、にんじんを入れて煮立て、ごぼう、1、こんにゃくを加える。アクを除き、火を弱めてAの半量と豆腐を入れ、20～30分程煮る。
4 残りのAを加え、味がなじむまで煮、器に盛って小ねぎを散らす。

1人分 鉄 8.5mg
エネルギー 239kcal　塩分 3.8g

Fe 豆・豆製品を使った たっぷりの主菜

レンズ豆のカレー

材料[2人分]
- 牛赤身ひき肉……………80g
- 水煮レンズ豆……………100g
- 玉ねぎ(みじん切り)………¼個
- にんじん(みじん切り)……¼本
- ピーマン(みじん切り)……1個
- 油…………………………大さじ½
- 水…………………………¾カップ
- カレールー(市販品)………30g
- 温かいごはん……………300g
- チャービル………………適量

1 レンズ豆は洗って水けをきる。
2 なべに油を熱し、ひき肉を入れていため、肉の色が変わったら玉ねぎ、にんじん、ピーマン、レンズ豆を加えていためる。
3 全体に油がまわったら水を加え、煮立ったら弱火で10分程煮る。
4 カレールーを加えてとかし、とろみがつくまで煮る。
5 器にごはんを盛って4をかけ、チャービルを飾る。

1人分 鉄 3.7mg
エネルギー 547kcal　塩分 1.7g

Fe 豆・豆製品を使ったたっぷりの主菜

チリコンカン

材料[2人分]
- 牛赤身ひき肉……………100g
- 水煮大豆・
  - キドニービーンズ…各50g
- 玉ねぎ(みじん切り)………30g
- にんにく(みじん切り)……½かけ
- トマトの水煮缶詰め(種を除く)
  ………………………200g
- 油………………………大さじ1
- 塩………………………小さじ½
- こしょう………………少量
- パセリ(あらみじん切り)…適量

1 なべに油とにんにくを熱し、香りが立ったら玉ねぎをいため、油がまわったらひき肉を加えていためる。
2 肉の色が変わったらトマトを加え混ぜ、煮立ったら水けをきった豆2種を加えて10分程煮、塩とこしょうで調味する。
3 器に盛り、パセリを散らす。

1人分 鉄 2.2mg　エネルギー 261kcal　塩分 1.7g

厚揚げとはるさめのいため煮

材料[2人分]
- 厚揚げ(油抜きする)………½枚
- はるさめ(ゆでてもどす)…乾15g
- 小松菜(ゆでる)……………150g
- サクラエビ……………大さじ2
- しょうが(みじん切り)……½かけ
- A ┌ 酒・オイスターソース
  │   ………………各大さじ1
  │ 砂糖……………大さじ⅔
  │ しょうゆ………大さじ½
  └ 水………………1カップ
- 油………………………大さじ½

1 厚揚げは食べやすい大きさに切り、はるさめは4～5cm長さに切る。小松菜は3cm長さに切る。
2 なべに油としょうがを入れて火にかけ、香りが立ったら厚揚げを加えていため、Aを加え混ぜる。
3 煮立ったらはるさめ、小松菜、サクラエビを加えて5分程煮る。

1人分 鉄 4.1mg　エネルギー 198kcal　塩分 1.5g

納豆ザーサイチャーハン

材料 [2人分]
- 納豆 ………………… 50g
- しょうゆ ………… 小さじ½
- ザーサイ（薄切り）……… 15g
- しょうが（みじん切り）…… ½かけ
- 小ねぎ（小口切り）……… 適量
- 油 ………………… 大さじ1
- 卵（割りほぐす）……… 2個
- 塩・こしょう ……… 各少量
- A[しょうゆ ……… 小さじ1
-   塩・こしょう ……… 各少量
- ごはん ………………… 400g

1 納豆はしょうゆを加えて軽く混ぜる。
2 卵は塩とこしょうを加えて混ぜる。
3 フライパンに半量の油を熱し、2を流し入れ、スプーンで大きくかき混ぜて半熟状に火を通し、とり出す。
4 3のフライパンに1を入れ、粘りが少なくなるまでいため、残りの油、しょうが、ザーサイを加え、香りが出たらごはんを加えてほぐしいためる。
5 Aと小ねぎ、とりおいた卵を加え、味が均一になるようにいためる。

1人分 鉄 2.3mg
エネルギー 523kcal　塩分 2.5g

黒豆ごはん

材料 [6人分]
- 黒豆 ………………… 乾50g
- 米 ………………… 2カップ
- 鶏胸肉（皮なし）……… 100g
- 酒 ………………… 大さじ1
- A[みりん・酒 …… 各大さじ⅔
-   塩 …………… 小さじ⅘
- いり白ごま ……… 大さじ½

1 黒豆はざっと洗って、2カップの水（分量外）に浸して、半日おく。
2 つけ汁ごと火にかけ、煮立ったら5～6分ゆでてさます。
3 鶏肉は1cm角に切り、酒をふっておく。
4 黒豆をゆでた汁に水を加えて2カップにし、Aを加え混ぜる。
5 炊飯器に洗った米、黒豆、鶏肉を入れ、4を加えて炊き上げる。器に盛り、白ごまを散らす。

1人分 鉄 1.3mg
エネルギー 256kcal　塩分 0.8g

▶鉄が多い食材

MENU

胚芽入りパンのスクランブルエッグ添え
Feたっぷり
白いんげん豆のトマトスープ
ヨーグルト
グレープフルーツ

1食分 | 鉄 4.6mg
エネルギー 561kcal 塩分 2.7g

白いんげん豆の
トマトスープが副菜の献立

鉄は所要量を満たしにくい栄養素の代表です。食事を抜いたり外食が多いと、たいてい不足しています。鉄が不足しがちな人は、朝食である程度鉄をとっておくことが鉄不足を防ぐ一つの方法です。いんげん豆と組み合わせたほうれん草やブロッコリーには鉄だけでなく、ビタミンCも多いので鉄の吸収がよくなります。

Fe 豆・豆製品を使った
たっぷりの
献立＆おかず

白いんげん豆のトマトスープ

材料[2人分] ▶白いんげん豆水煮缶詰め80g ハムの薄切り2枚 玉ねぎ30g ▶ブロッコリー80g にんにく½かけ A[トマトの水煮缶詰め200g 顆粒ブイヨン小さじ½ ロリエ1枚 水1カップ] B[砂糖小さじ½ 塩小さじ⅙ こしょう少量] オリーブ油大さじ½

なべにオリーブ油、みじん切りにしたにんにくを入れて火にかけ、みじん切りにした玉ねぎ、8等分に切ったハムを加えていため、Aといんげん豆を加える。弱火で10分程煮、Bを加えて調味し、小房に分けてゆでたブロッコリーを加える。

1人分 鉄1.8mg
エネルギー171kcal 塩分1.5g

MENUのレシピ●●●

胚芽入りパンのスクランブルエッグ添え

材料[2人分] ▶胚芽入り食パン(8枚切り)2枚 ▶卵2個 塩・こしょう各少量 ▶ほうれん草100g プチトマト6個 油大さじ1

1人分 鉄2.7mg
エネルギー270kcal 塩分1.1g

ヨーグルト

材料[2人分] プレーンヨーグルト1カップ はちみつ大さじ1

1人分 鉄0.1mg
エネルギー96kcal 塩分0.1g

グレープフルーツ

材料[2人分] グレープフルーツ½個

1人分 鉄0mg
エネルギー24kcal 塩分0g

Feたっぷり献立バリエ

豆腐のイタリアンサラダ(61ページ)
グリーンピースとアサリのピラフ(127ページ)
洋風かきたま汁(78ページ)

ボンゴレビアンコ(95ページ)
油揚げと春菊のサラダ(60ページ)
オレンジ

厚揚げのガドガド

材料[2人分]
▶厚揚げ(油抜きする)………½枚
にんじん……………………10g
キャベツ(ゆでる)……………2枚
にら(ゆでる)………………50g
A ┌ ▶ピーナッツバター………20g
  │ 酒………………………大さじ1
  │ しょうゆ………………大さじ⅔
  │ 砂糖・ナンプラー……各小さじ1
  └ 豆板醤…………………少量

1 厚揚げは拍子木切りにする。にんじんはせん切りにし、ラップに包んで電子レンジで10～20秒加熱する。キャベツは7mm幅の細切りにする。にらは3cm長さに切る。
2 1を混ぜ合わせたAであえる。

1人分 鉄2.3mg
エネルギー199kcal 塩分1.5g

いろいろ豆サラダ

材料[2人分]
▶水煮大豆・▶ひよこ豆水煮缶詰め・
▶キドニービーンズ水煮缶詰め
………………………………各50g
玉ねぎ…………………………30g
A ┌ 油………………………大さじ1
  │ 砂糖……………………小さじ⅓
  │ 塩………………………小さじ⅕
  └ こしょう………………少量
▶サニーレタス………………2枚
▶パセリ(細かくちぎる)……適量

1 豆は水で洗い、水けをきる。
2 玉ねぎはみじん切りにして塩少量(分量外)をふり、しんなりしたら水洗いし、水けを絞る。
3 1と2を混ぜ合わせたAであえ、サニーレタスを敷いた器に盛り、パセリを散らす。

1人分 鉄1.7mg
エネルギー180kcal 塩分0.7g

▶鉄が多い食材

Fe 豆・豆製品を使った たっぷりの副菜

こんぶ豆

材料[2人分]
- 水煮大豆(水けをきる) ……150g
- こんぶ …………… 5cm角1枚
- A
  - 砂糖 ……………… 大さじ1⅓
  - しょうゆ ………… 大さじ1
  - 酒 ………………… 大さじ⅔
  - 塩 ………………… 少量

1 こんぶは1カップの水(分量外)につけてもどし、1cm角に切る。
2 なべにこんぶともどし汁を入れ、煮立ちかけたらAと大豆を加え、煮汁がほとんどなくなるまで煮る。

1人分 鉄1.5mg　エネルギー141kcal　塩分1.8g

きくらげの白あえ

材料[2人分]
- もめん豆腐 ……………… ⅙丁
- 小松菜(ゆでる) ………… 150g
- きくらげ(もどして石づきを除く) …… 適量
- 酒 ………………… 小さじ½
- しょうゆ ………… 小さじ⅓
- A
  - だし ……………… 大さじ1½
  - 練り白ごま・砂糖 …… 各大さじ½
  - しょうゆ ………… 大さじ⅔

1 豆腐はキッチンペーパーに包んで電子レンジ(600W)で40秒加熱する。
2 小松菜は3cm長さに切る。きくらげは酒としょうゆをふる。
3 練りごまはすり混ぜ、Aを加えてよく混ぜ、1、2を加え混ぜる。

1人分 鉄5.3mg　エネルギー78kcal　塩分1.0g

納豆ととんぶりのあえ物

材料[2人分]
- 納豆 ……………………… 100g
- とんぶり ………… 大さじ2
- しょうゆ ………… 小さじ1
- 小ねぎ(小口切り) ……… 適量
- いり白ごま ……… 小さじ1

納豆、とんぶり、しょうゆを混ぜ合わせ、器に盛ってねぎとごまを散らす。

1人分 鉄2.1mg　エネルギー121kcal　塩分0.4g

油揚げと春菊のサラダ

材料[2人分]
- 春菊(葉のやわらかい部分) …70g
- しめじ(小房に分けてゆでる) …60g
- しょうゆ ………… 小さじ½
- 油揚げ …………………… 1枚
- いり白ごま ……… 小さじ1
- A
  - 酢 ………………… 大さじ1
  - しょうゆ ………… 大さじ⅔
  - 油 ………………… 大さじ½
  - 砂糖 ……………… 小さじ⅓
  - こしょう ………… 少量

1 春菊は冷水につけてパリッとさせる。しめじはしょうゆをふる。油揚げは焼き網で焼き、短冊切りにする。
2 1を混ぜて器に盛り、ごまを散らし、Aをかける。

1人分 鉄1.4mg　エネルギー98kcal　塩分1.2g

湯葉とそら豆の煮浸し

材料［2人分］
- 平湯葉(ぬるま湯でもどす)‥1枚
- そら豆(ゆでる)
  ‥‥‥‥さやから出して150g
- A ┌ だし ‥‥‥‥‥½カップ
    └ みりん・うす口しょうゆ
      ‥‥‥‥‥‥各大さじ⅔

なべにAを入れて煮立て、薄皮をむいたそら豆、手で一口大にちぎった湯葉を加えてひと煮する。

1人分 鉄1.6mg
エネルギー92kcal　塩分1.0g

おからと油揚げの煮物

材料［2人分］
- おから ‥‥‥‥‥‥100g
- 油揚げ(油抜きする)‥‥1枚
- 油 ‥‥‥‥‥‥‥小さじ1
- A ┌ だし ‥‥‥‥‥½カップ
    │ 砂糖 ‥‥‥‥‥大さじ1
    │ しょうゆ ‥‥‥大さじ½
    └ 塩 ‥‥‥‥‥‥‥少量
- 糸三つ葉
  (ゆでて1cm長さに切る) ‥‥適量

1 なべに油を熱し、おからと短冊切りにした油揚げを入れていためる。
2 全体に油がまわったらAを加え、汁けがほとんどなくなるまで煮、三つ葉を加え混ぜる。

1人分 鉄1.2mg
エネルギー134kcal　塩分1.0g

さつま芋のあずき煮

材料［2人分］
- さつま芋(乱切り) ‥‥‥150g
- ゆであずき缶詰め ‥‥‥30g
- A ┌ 砂糖・酒 ‥‥‥各小さじ1
    └ しょうゆ ‥‥‥小さじ½

1 さつま芋は水につけてアクを除く。
2 なべに1とひたひたの水を加えて煮立て、火を弱めて芋の表面が透明になるまで煮る。
3 Aを加えて10～15分煮、あずきを加えてひと煮する。

1人分 鉄0.7mg
エネルギー141kcal　塩分0.2g

豆腐のイタリアンサラダ

材料［2人分］
- もめん豆腐(一口大に切る)
  ‥‥‥‥‥‥‥‥‥⅔丁
- トマト(くし形切り) ‥‥小½個
- パルメザンチーズ(薄く削る)
  ‥‥‥‥‥‥‥‥‥10g
- クレソン
  (食べやすい長さにちぎる)‥10g
- A ┌ オリーブ油 ‥‥大さじ½
    │ バジル(細かくちぎる)‥2枚
    │ にんにく(みじん切り)
    │ ‥‥‥‥‥‥‥¼かけ
    └ 塩 ‥‥‥‥‥小さじ⅓

1 トマトは混ぜ合わせたAであえる。
2 器に豆腐とトマトを盛り、チーズ、クレソンを散らし、残りの1をかける。

1人分 鉄1.1mg
エネルギー133kcal　塩分1.2g

▶鉄が多い食材

Fe たっぷりの常備菜&アレンジ料理

豆・豆製品が主役の

大豆は和風ばかりでなく、トマト煮にすると料理のバリエーションが広がります。密閉容器に入れて冷蔵庫で3〜4日間保存できます。

大豆のトマト煮

材料[6人分]
- ▶ 牛赤身ひき肉 …………… 150g
- ▶ 水煮大豆(水けをきる) ……… 450g
- 玉ねぎ(みじん切り) ………… 小1個
- にんにく(みじん切り) ………… 1かけ
- A
  - トマトの水煮缶詰め(種は除く) …………… 600g
  - ロリエ ………………… 1枚
  - 砂糖 ………………… 大さじ½
  - 顆粒ブイヨン ………… 小さじ1
- 塩 ………………… 小さじ1
- こしょう ………………… 少量
- オリーブ油 ………………… 大さじ1

1 なべにオリーブ油とにんにくを入れて弱火にかけ、香りが立ったらひき肉を加えていため、肉の色が変わったら、玉ねぎを加えていためる。

2 玉ねぎがしんなりしたらAを加えて火を弱め、大豆を加えて15〜20分程煮、塩とこしょうで調味する。

1人分 鉄 2.3mg エネルギー 241kcal 塩分 1.2g

大豆のトマト煮のスパゲティ

材料[2人分]
- スパゲティ ………………… 乾120g
- 大豆のトマト煮 ………… ⅓量
- 塩 ………………… 小さじ⅓
- 粉チーズ ………………… 大さじ1

1 スパゲティは表示の通りにゆで、湯をきる。

2 大豆のトマト煮は温めて塩を加え混ぜる。

3 1を2であえて器に盛り、粉チーズをふる。

1人分 鉄 3.2mg エネルギー 483kcal 塩分 2.3g

arrange A
アレンジ

▶ 鉄が多い食材

arrange B

サバと大豆のトマト煮

材料 [2人分]
- ▶ 大豆のトマト煮 …………… ¼量
- 水 ………………………… ½カップ
- ┌ ▶ サバ ………………… 小2切れ
- │ 塩 ……………………… 小さじ¼
- └ こしょう ………………… 少量
- 小麦粉 …………………………… 適量
- オリーブ油 …………………… 大さじ1
- ▶ ほうれん草(ゆでる) ………… 100g

1 サバは皮に切り目を入れ、塩とこしょうをふってしばらくおき、汁けをふいて小麦粉を薄くまぶす。
2 フライパンにオリーブ油を熱し、1を入れてこんがりと焼き、大豆のトマト煮と水を加えて10分程煮る。
3 器に盛り、3cm長さに切ったほうれん草を添える。

1人分 鉄 3.6mg　エネルギー 417kcal　塩分 1.8g

arrange C

大豆とトマトの野菜スープ

材料 [2人分]
- ▶ 大豆のトマト煮 …………… ⅙量
- かぼちゃ(くし形切り) ………… 100g
- 玉ねぎ(くし形切り) …………… ¼個
- ▶ ブロッコリー
  - (小房に分けてゆでる) ………… 80g
- ┌ ロリエ ………………………… 1枚
- A │ 顆粒ブイヨン ………… 小さじ⅓
- └ 水 …………………… 1½カップ
- 塩 ………………………… 小さじ⅓
- こしょう …………………………… 少量

1 なべにAとかぼちゃを入れて煮立て、玉ねぎを加え、火を弱めて野菜がやわらかくなるまで煮る。
2 大豆のトマト煮を加えて味がなじむまで煮、塩とこしょうで味をととのえ、最後にブロッコリーを加える。

1人分 鉄 1.9mg　エネルギー 190kcal　塩分 1.9g

Fe たっぷりの献立&おかず

野菜・乾物を使った

Fe たっぷり食品

- ひじき(乾) 10g　鉄 5.5mg
- 菜の花 80g　鉄 2.3mg
- 小松菜 80g　鉄 2.2mg
- 切り干し大根(乾) 20g　鉄 1.9mg
- 大根の葉 50g　鉄 1.6mg

ほうれん草80g 鉄1.6mg　枝豆50g 鉄1.4mg　根三つ葉80g 鉄1.4mg　そら豆50g 鉄1.2mg

野菜に含まれている鉄は、たんぱく質と組み合わせると吸収率がよくなります。アサリ、カツオなどたんぱく質だけでなく、鉄も多い素材と組み合わせて効率よく鉄がとれるようにします。鉄は、女性の場合1食で4mgとることを目標にします。

せりとアサリの炊き込みごはんが主菜の献立

せりとアサリの炊き込みごはん

材料[5人分] 米2カップ ▶ アサリ殻つきで250g A[酒小さじ2 しょうゆ小さじ1] ▶ せり120g B[しょうゆ小さじ2 酒小さじ1 塩小さじ1/3 水1 1/2カップ]

1 なべにAと砂抜きしたアサリを入れ、ふたをして火にかけ、口が開いたら火を消す。煮汁は捨てない。
2 炊飯器に洗った米、1の煮汁、Bを加えてひと混ぜして普通に炊く。
3 アサリとゆでて2～3cm長さに切ったせりを加えて混ぜる。

1人分 鉄 1.7mg エネルギー 244kcal 塩分 1.4g

MENUのレシピ ●●●●

カツオのたたき(35ページ参照)
1人分 鉄 3.1mg エネルギー 137kcal 塩分 1.5g

クレソンと枝豆のおろしあえ(73ページ参照)
1人分 鉄 1.1mg エネルギー 60kcal 塩分 0.6g

ぶどう
材料[2人分] ぶどう12～14粒
1人分 鉄 0mg エネルギー 25kcal 塩分 0g

MENU

Feたっぷり
せりとアサリの炊き込みごはん
カツオのたたき(35ページ)
クレソンと枝豆のおろしあえ(73ページ)
ぶどう

1食分 鉄 5.9mg エネルギー 466kcal 塩分 3.5g

Feたっぷり献立バリエ

菜の花とホタテ貝のチーズパスタ(67ページ)
サニーレタスと山芋のサラダ(72ページ)
あんずのアイスクリーム(163ページ)

切り干し大根の中国風卵焼き(68ページ)
小松菜と松の実のナムル(71ページ)
ごはん

グリーンピースとハムの煮物(69ページ)
牛タンと玉ねぎのマリネ(29ページ)
パン

▶鉄が多い食材

豚ヒレと京菜のたたき

材料 [2人分]
- ▶豚ヒレかたまり肉 … 200g
- 塩 ………………… 小さじ1/6
- 酒 ………………… 小さじ2
- 油 ………………… 大さじ1/2
- ▶京菜 ……………… 100g
- 玉ねぎ …………… 30g
- A
  - しょうゆ ……… 大さじ1
  - 酢・油 ………… 各大さじ2/3
  - 砂糖 …………… 小さじ1/3

1 ヒレ肉は1cm厚さに切り、塩と酒をふる。
2 京菜は5cm長さに切る。玉ねぎは薄切りにして塩少量(分量外)をふり混ぜ、しんなりしたら水で洗い、水けを絞る。
3 フライパンに油を熱し、1を入れて色よく焼き、中まで火を通す。
4 皿に盛り、混ぜ合わせたAをかけ、2をのせる。

1人分 鉄 2.3mg
エネルギー 230kcal　塩分 2.0g

ほうれん草と豚レバーの薬味ソース

材料 [2人分]
- ▶ほうれん草(ゆでる) …… 150g
- ▶豚レバー ………… 150g
- しょうゆ・酒 …… 各小さじ1
- 小麦粉 …………… 適量
- 油 ………………… 小さじ1
- A
  - にんにく・しょうが(みじん切り) … 各1/2かけ
  - ▶小ねぎ(小口切り) … 4〜5本
  - しょうゆ・酢 … 各大さじ2/3
  - 酒 ……………… 小さじ1
  - 砂糖 …………… 小さじ1/3

1 ほうれん草は3cm長さに切る。
2 レバーは5mm厚さに切り、流水にさらして血抜きし、水けをよくきってしょうゆと酒をふる。汁けをふいて薄く小麦粉をまぶす。
3 フライパンに油を熱し、2を入れてこんがりと焼き、中まで火を通す。
4 レバーとほうれん草を器に盛り、混ぜ合わせたAをかける。

1人分 鉄 11.6mg
エネルギー 152kcal　塩分 1.4g

Fe 野菜・乾物を使った たっぷりの主菜

菜の花とホタテ貝の チーズパスタ

材料 [2人分]

- ホタテ貝柱 …………… 120g
- 塩 ………………… 少量
- 白ワイン …………… 大さじ1
- ▶ 菜の花(ゆでる) ………… 150g
- しめじ ………………… 60g
- カマンベールチーズ ……… 1/3個
- 牛乳 ………………… 1/2カップ
- 塩 ………………… 小さじ1/3
- こしょう ……………… 少量
- スパゲティ …………… 乾120g
- 油 ………………… 大さじ1

1 ホタテは4つに切って塩とワインをふる。菜の花は3cm長さに切る。
2 しめじは石づきを除いて小房に分ける。チーズは手で細かくちぎる。
3 フライパンに油を熱し、ホタテを入れていため、色が変わったらしめじを加えていためる。
4 全体に油がまわったら牛乳、塩、こしょう、チーズを加えて煮立て、半量くらいに煮つまったら、菜の花を加えてひと煮する。
5 スパゲティは表示の通りにゆで、湯をきって**4**に加え混ぜる。

1人分 **鉄** 3.3mg **エネルギー** 463kcal **塩分** 1.7g

Fe 野菜・乾物を使ったたっぷりの主菜

切り干し大根の中国風卵焼き

材料[2人分]

A
- ▶牛赤身ひき肉 …………… 30g
- ▶切り干し大根(もどす) ‥ 乾25g
- にんじん(せん切り) ……… 30g
- ▶グリーンピース(ゆでる) ‥ 30g
- ▶卵 …………………… 2個
- 砂糖 ………………… 小さじ1
- しょうゆ …………… 小さじ½
- 塩 …………………… 少量

油 …………………… 大さじ½

B
- しょうゆ …………… 小さじ1
- 顆粒ブイヨン ……… 小さじ⅓
- こしょう …………… 少量
- 水 …………………… ⅓カップ

C
- かたくり粉 ………… 小さじ1
- 水 …………………… 小さじ2

1 切り干しは食べやすい長さに切り、卵は割りほぐして、残りのAを加えてよく混ぜ合わせる。
2 フライパンに油を熱し、1を流し入れ、スプーンで大きくかき混ぜて半熟状に火を通し、器に盛る。
3 小なべにBを入れて煮立て、Cを加えてとろみをつける。
4 2の卵焼きに3のあんをかける。

1人分
鉄 6.3mg
エネルギー 309kcal **塩分** 1.6g

▶鉄が多い食材

小松菜の牛肉あんかけ

材料 [2人分]
- 小松菜（ゆでて3cmに切る）‥200g
- 牛もも薄切り肉‥‥‥100g
- しょうゆ・酒・かたくり粉‥‥‥‥‥‥‥各小さじ1
- にんにく（みじん切り）‥½かけ
- ねぎ（みじん切り）‥‥‥10g
- 油‥‥‥‥‥‥‥‥大さじ⅔
- A
  - オイスターソース‥‥‥‥‥‥‥‥大さじ1
  - 酒‥‥‥‥‥‥‥大さじ½
  - しょうゆ‥‥‥‥小さじ1
  - 砂糖‥‥‥‥‥‥小さじ⅔
  - 水‥‥‥‥‥‥‥大さじ2

1 牛肉はせん切りにし、しょうゆ、酒、かたくり粉をまぶす。
2 フライパンに油とにんにくを入れ、香りが立ったらねぎと1を加えていため、肉の色が変わったらAを加え、味をからめながらいためる。
3 器にゆでた小松菜を盛り、2をかける。

1人分 鉄 3.7mg　エネルギー 187kcal　塩分 1.7g

グリーンピースとハムの煮物

材料 [2人分]
- グリーンピース（ゆでる）‥‥‥さやから出して150g
- ハムの薄切り（8等分に切る）‥2枚
- にんじん（1cm角に切る）‥‥¼本
- 玉ねぎ（1cm角に切る）‥‥‥30g
- A
  - 水‥‥‥‥‥‥‥1カップ
  - 顆粒ブイヨン‥‥小さじ½
- 塩・こしょう‥‥‥‥各少量
- 油‥‥‥‥‥‥‥‥小さじ1

1 なべに油を熱してハムをいため、グリーンピース、にんじん、玉ねぎを加えていためる。
2 全体に油がまわったらAを加えて煮立て、火を弱めて野菜がやわらかくなるまで煮、塩とこしょうで味をととのえる。

1人分 鉄 1.5mg　エネルギー 144kcal　塩分 1.1g

枝豆とエビのいため物

材料 [2人分]
- 枝豆（ゆでる）‥‥‥さやから出して½カップ
- むきエビ（背わたを除く）‥200g
- 塩‥‥‥‥‥‥‥‥小さじ⅙
- 酒‥‥‥‥‥‥‥‥大さじ1
- しょうが（せん切り）‥‥½かけ
- ねぎ（7mm幅の斜め切り）‥‥½本
- A
  - 酒‥‥‥‥‥‥‥大さじ1
  - 顆粒ブイヨン‥‥小さじ1
  - 塩‥‥‥‥‥‥‥小さじ⅕
  - こしょう‥‥‥‥少量
  - 水‥‥‥‥‥‥‥⅓カップ
- 油‥‥‥‥‥‥‥‥大さじ1½
- B
  - かたくり粉‥‥‥小さじ1
  - 水‥‥‥‥‥‥‥小さじ2

1 枝豆は薄皮をむく。エビは塩と酒をふる。
2 フライパンに油としょうがを熱し、エビを加えていため、エビの色が変わったらねぎを加えていためる。
3 Aを加えて煮立て、枝豆を加え混ぜる。Bを加えてとろみをつける。

1人分 鉄 1.2mg　エネルギー 245kcal　塩分 2.1g

MENU

青菜入り卵焼き
Feたっぷり
ひじきとさつま芋の煮物
アサリのみそ汁(46ページ)
ごはん[150g]

1食分 | 鉄 9.0mg
エネルギー 587kcal　塩分 4.2g

ひじきとさつま芋の煮物が副菜の献立

海藻の中でもひじきは鉄が豊富です。ただし、吸収率がよくないのでビタミンC、たんぱく質と組み合わせましょう。1つの料理で組み合わせにくい場合は、献立の中でとり合わせてあれば問題ありません。卵やアサリなどはたんぱく質、鉄ともに多く、扱いが楽なので朝食向きの素材です。

Fe 野菜・乾物を使った たっぷりの献立&おかず

ひじきと さつま芋の煮物

材料[2人分] さつま芋150g ▶生ひじき80g A[酒大さじ1 しょうゆ・砂糖各大さじ½ 塩少量] いんげん2～3本

1 さつま芋は6cm長さの棒状に切って水につけてアクを除き、なべにひたひたの水とともに入れて火にかけ、4～5分煮る。ひじきとAを加えて弱火にし、芋がやわらかくなり、味がなじむまで煮る。
2 器に盛り、ゆでて1cm幅の斜め切りにしたいんげんを散らす。

1人分 鉄 3.8mg
　　 エネルギー 129kcal　塩分 1.0g

MENUのレシピ

青菜入り卵焼き
材料[2人分] ▶卵3個 ▶小松菜100g A[砂糖大さじ½ 酒小さじ1 しょうゆ小さじ½ 塩少量] 油 大さじ½ おろし大根100g

1人分 鉄 2.9mg
　　 エネルギー 169kcal　塩分 0.6g

アサリのみそ汁(46ページ参照)

1人分 鉄 2.1mg
　　 エネルギー 37kcal　塩分 2.6g

Feたっぷり献立バリエ

納豆と豆腐のチャンプルー(105ページ)
クレソンと枝豆のおろしあえ(73ページ)
船場汁(46ページ)
ごはん

豚レバーの中国風マリネ(87ページ)
ザーサイとアスパラのいため物(71ページ)
鶏ひき肉とはるさめのスープ(25ページ)
ごはん

ザーサイと アスパラのいため物

材料 [2人分]
アスパラ(乱切り) ……………… 150g
▶ ザーサイ(薄切り) ……………… 40g
油 ……………………………… 大さじ½
酒 ……………………………… 大さじ⅔
塩 ……………………………… 少量
▶ いり白ごま ……………… 小さじ1

1 フライパンに油を熱し、アスパラを入れていため、表面が透明になってきたら塩抜きしたザーサイと酒を加えていためる。
2 塩で味をととのえて器に盛り、ごまを散らす。

1人分 鉄 1.3mg
　　 エネルギー 63kcal　塩分 1.1g

小松菜と 松の実のナムル

材料 [2人分]
▶ 小松菜(ゆでる) ……………… 150g
▶ 松の実 ……………………… 大さじ1
A ┌ にんにく(すりおろす) …… ¼かけ
　├ ごま油 ……………… 小さじ1
　└ 塩 ……………………… 小さじ⅙

1 小松菜は3cm長さに切る。
2 フライパンに松の実を入れ、からいりする。
3 1と2を混ぜ合わせたAであえる。

1人分 鉄 2.4mg
　　 エネルギー 62kcal　塩分 0.5g

そら豆の塩ゆで

材料 ［2人分］
- そら豆（ゆでる）
　………さやから出して150g

　そら豆は包丁で薄皮の黒い筋目を切りとり、塩少量（分量外）をまぶして沸騰湯でゆで、ざるにあげる。

1人分 鉄 1.2mg
エネルギー 57kcal　塩分 0g

グリーンピースのひすい煮

材料 ［2人分］
- グリーンピース（ゆでる）
　………さやから出して1カップ

塩……………………小さじ¼

A ┌ だし……………………1カップ
　│ 砂糖……………………大さじ3
　│ 酒………………………大さじ1
　└ しょうゆ……………小さじ½

　なべにAを入れて煮立て、火を消す。あら熱がとれたらグリーンピースを加えてしばらくおき、味をなじませる。

1人分 鉄 1.0mg
エネルギー 119kcal　塩分 1.1g

サニーレタスと山芋のサラダ

材料 ［2人分］
- サニーレタス（一口大にちぎる）… 3枚

トマト（一口大に切る）……………½個
長芋（拍子木切り）………………50g

A ┌ 酢………………………大さじ⅔
　│ ごま油・しょうゆ …各大さじ½
　│ 油………………………小さじ1
　└ 砂糖……………………小さじ⅔

　野菜と長芋を器に彩りよく盛り、混ぜ合わせたAをかける。

1人分 鉄 0.9mg
エネルギー 89kcal　塩分 0.7g

Fe 野菜・乾物を使ったたっぷりの副菜

クレソンと
枝豆のおろしあえ

材料[2人分]
- 枝豆(ゆでる)さやから出して‥100g
- おろし大根 ……………… 150g
- クレソン(食べやすい長さにちぎる)
  ……………………… 10g
- A ┌ だし ……………… 大さじ1½
    │ 酢 ………………… 大さじ1
    └ 塩 ………………… 小さじ⅕

枝豆、おろし大根、クレソンを混ぜ合わせたAであえる。

1人分 **鉄** 1.1mg
エネルギー 60kcal **塩分** 0.6g

切り干し大根と
あんずのなます

材料[2人分]
- 切り干し大根 ………… 乾40g
- 干しあんず ……………… 6個
- ちりめんじゃこ ………… 大さじ1
- A ┌ だし ……………… ½カップ
    │ 酢 ………………… 大さじ3
    │ 砂糖 ……………… 小さじ2
    │ しょうゆ ………… 小さじ⅓
    └ 塩 ………………… 小さじ¼
- パセリ(細かくちぎる) ……… 適量

1 切り干しは熱湯に浸してもどし、水けを絞って食べやすい長さに切る。
2 あんずは食べやすい大きさに切る。
3 Aを混ぜ合わせ、**1**、**2**、じゃこを加え混ぜ、30分以上つける。
4 器に盛り、パセリを散らす。

1人分 **鉄** 2.3mg
エネルギー 104kcal **塩分** 1.2g

せりとじゃこの
いため浸し

材料[2人分]
- せり ……………………… 120g
- ちりめんじゃこ ………… 大さじ2
- 油 ………………………… 大さじ½
- A ┌ だし ……………… ½カップ
    └ しょうゆ・みりん …各大さじ½

1 せりは3cm長さに切る。
2 なべに油を熱し、じゃこ、せりの順に入れていため、全体に油がまわったらAを加えてひと煮する。

1人分 **鉄** 1.1mg
エネルギー 59kcal **塩分** 0.9g

▶鉄が多い食材

野菜・乾物が主役の

Fe たっぷりの常備菜＆アレンジ料理

大根葉はしょうゆ漬け、切り干しはスープ煮にして広く料理に使います。ともに密閉容器に入れて冷蔵庫で3〜4日間保存できます。

大根葉とじゃこの混ぜごはん

材料［2人分］

- 大根葉のしょうゆ漬け……1/6量
- A ┌ 卵（割りほぐす）……1個
  ├ 酒……小さじ1
  └ 塩……少量
- ちりめんじゃこ……大さじ2
- 塩……少量
- 温かいごはん……300g

1 大根葉のしょうゆ漬けは小口切りにする。
2 Aは混ぜ合わせ、小なべに入れて数本の箸でかき混ぜ、いり卵にする。

1人分 鉄 1.9mg　エネルギー 321kcal　塩分 1.3g

大根葉のしょうゆ漬け

材料［6人分］

- 大根の葉（3cm長さに切る）……450g
- 塩……小さじ3/4
- 赤とうがらし（小口切り）……1本
- こんぶ……5cm角
- A ┌ 酢・みりん・しょうゆ……各大さじ2
  └ だし……1カップ

1 こんぶは細く切ってさっと洗い、水につけてもどし、水けをきる。
2 大根の葉は塩をふって重石をし、一晩おいてしんなりしたら水洗いして水けを絞る。
3 1、2をAにつけ、半日おく。

1人分 鉄 2.5mg　エネルギー 45kcal　塩分 1.0g

大根葉と豚肉の辛味いため

材料［2人分］

- 大根葉のしょうゆ漬け……1/3量
- ┌ 豚もも薄切り肉（3cm長さに切る）150g
  └ 酒……小さじ1
- ねぎ（斜め薄切り）……1/2本
- A ┌ 酒……大さじ1/2
  └ しょうゆ・豆板醤……各小さじ1
- 油……大さじ1/2

フライパンに油を熱し、酒をふった豚肉を入れて色が変わるまでいため、ねぎを加えていため、大根葉のしょうゆ漬けとAを加えていためる。

1人分 鉄 3.2mg　エネルギー 228kcal　塩分 2.0g

アレンジ **A**

アレンジ **arrange B**

切り干し大根入り チヂミ

材料[2人分]

- ▶ 切り干し大根のスープ煮 …… 1/3量
- にら(3cm長さに切る) …………… 25g
- A
  - ▶ 卵(割りほぐす) ………… 2個
  - 小麦粉 ……………… 2/3カップ
  - 塩 ………………… 小さじ1/6
- 油 ………………… 大さじ1/2

1 ボールにA、にら、切り干しのスープ煮を入れて混ぜ合わせる。
2 フライパンに油を熱し、1の1/4量を流し入れ、丸く形を整え、両面色よく焼き、中まで火を通す。
3 同様に3個作り、器に盛る。

1人分 鉄 2.9mg
エネルギー 336kcal　塩分 1.9g

アレンジ **arrange A**

切り干し大根入り 焼きそば

材料[2人分]

- ▶ 切り干し大根のスープ煮 …… 1/3量
- 玉ねぎ(薄切り) …………………… 1/4個
- キャベツ(1cm幅の細切り) ………… 2枚
- ピーマン(せん切り) ……………… 1個
- ▶ サクラエビ ………………… 10g
- 油 ………………………… 大さじ1
- 中華蒸しめん ……………………… 1玉
- A
  - しょうゆ ………… 小さじ1/2
  - 中濃ソース ………… 大さじ1

1 フライパンに油を熱し、玉ねぎ、キャベツ、ピーマン、サクラエビの順に入れていためる。
2 めんをほぐし入れていため、湯大さじ2(分量外)を加えてふたをし、1〜2分蒸し焼きにする。
3 Aと切り干し大根のスープ煮を加えて全体をいため合わせる。

1人分 鉄 2.6mg
エネルギー 360kcal　塩分 2.4g

アレンジ **arrange B**

切り干し大根の スープ煮

材料[6人分]

- ▶ 切り干し大根(もどす) …… 乾100g
- ハムの薄切り(短冊切り) ………… 3枚
- にんじん(短冊切り) …………… 小1本
- 油 ………………………… 大さじ1
- A
  - 水 ………………… 1 1/2カップ
  - 顆粒ブイヨン ……… 大さじ1/2
- 塩 ……………………… 小さじ1/2
- 砂糖 ……………………… 大さじ1

1 切り干しは食べやすい長さに切る。
2 なべに油を熱し、ハム、にんじんの順に入れていため、油がまわったら切り干しを加えていためる。
3 全体に油がまわったら、Aを加え、煮立ったら塩と砂糖で調味し、汁けがほとんどなくなるまで煮る。

1人分 鉄 1.7mg
エネルギー 101kcal　塩分 1.2g

貧血が気になる人の Fe ＋ たんぱく質 ビタミンC の献立＆おかず

たんぱく質	カツオ80g たんぱく質 20.6g	アジ80g たんぱく質 16.6g	鶏ひき肉50g たんぱく質 10.5g	ビタミンC	ブロッコリー80g ビタミンC 96mg	ゴーヤー80g ビタミンC 61mg	いちご5粒(75g) ビタミンC 47mg

豚もも肉100g たんぱく質 19.5g　ブリ80g たんぱく質 17.1g

菜の花80g ビタミンC 104mg　オランダパプリカ1/4個(40g) ビタミンC 68mg
柿1/2個(85g) ビタミンC 60mg

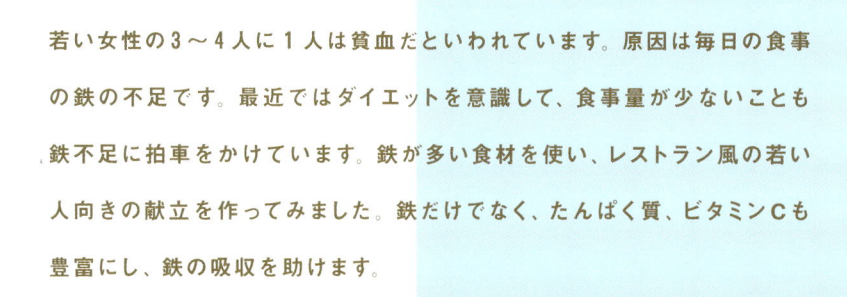

若い女性の3～4人に1人は貧血だといわれています。原因は毎日の食事の鉄の不足です。最近ではダイエットを意識して、食事量が少ないことも鉄不足に拍車をかけています。鉄が多い食材を使い、レストラン風の若い人向きの献立を作ってみました。鉄だけでなく、たんぱく質、ビタミンCも豊富にし、鉄の吸収を助けます。

牛肉と大豆のカレーいためが主菜の献立

牛肉と大豆のカレーいため

材料[2人分] ▶▶牛もも薄切り肉150g 塩小さじ⅙ こしょう少量] 玉ねぎ¼個 エリンギ100g ▶水煮大豆50g ▶クレソン10g 油大さじ1 A[ケチャップ大さじ⅔ 白ワイン大さじ½ カレー粉小さじ½ 塩小さじ⅓ こしょう少量]

フライパンに油を熱し、一口大に切って塩とこしょうをふった牛肉をいため、薄切りの玉ねぎ、斜め薄切りのエリンギ、大豆の順に加え、Aとクレソンを加えて全体をいため合わせる。

1人分
鉄 2.0mg
たんぱく質 20.4g　ビタミンC 7mg
エネルギー 289kcal　塩分 1.9g

MENUのレシピ●●●

ルッコラとクレソンのサラダ

材料[2人分] ▶▶ルッコラ30g ▶クレソン10g A[油大さじ½ 酢小さじ1 塩・こしょう各少量]

1人分
鉄 0.3mg
たんぱく質 0.4g　ビタミンC 11mg
エネルギー 32kcal　塩分 0.4g

ハム入りコーンスープ（88ページ参照）

1人分
鉄 0.4mg
たんぱく質 9.3g　ビタミンC 15mg
エネルギー 181kcal　塩分 1.9g

MENU

Fe+たんぱく質、ビタミンC
牛肉と大豆のカレーいため
ルッコラとクレソンのサラダ
ハム入りコーンスープ（88ページ）
パン[50g]

1食分
鉄 3.3mg
たんぱく質 35.7g　ビタミンC 33mg
エネルギー 685kcal　塩分 5.0g

Feたっぷり献立バリエ

ブリのマヨネーズ焼き（92ページ）
ごま風味豆腐スープ（107ページ）
サニーレタスとトマトのじゃこあえ（114ページ）
ごはん

そば粉入りイタリア風お焼き（113ページ）
コンビーフとキャベツのいため物（89ページ）
あんずとオレンジのヨーグルトドリンク（166ページ）

鶏レバーの牛丼風（87ページ）
アサリとほうれん草の煮浸し（115ページ）
納豆とろろ汁（108ページ）

▶鉄が多い食材　▶たんぱく質が多い食材　▶ビタミンCが多い食材

成長期の子供は急激に体が大きくなるため、鉄の供給が追いつかず貧血になることがよくあります。鉄の多い食材は子供があまり好まないものが多いので、くふうして子供が好きそうな料理に違和感なく使うようにします。サラダやスープなども鉄たっぷりにしないと所要量を満たしません。

レバーソースポテトサラダが副菜の献立

MENU

イワシの洋風照り焼き丼(94ページ)
Fe+たんぱく質、ビタミンC
レバーソースポテトサラダ
洋風かきたま汁

1食分
鉄 4.6mg
たんぱく質 22.8g　ビタミンC 53mg
エネルギー 701kcal　塩分 3.8g

Feたっぷり献立バリエ

鶏レバーのバジルいため(87ページ)
レーズンとルッコラのサラダ(146ページ)
ハム入りコーンスープ(88ページ)
胚芽入り食パン

牛もも肉の柳川風(83ページ)
高菜漬けと切り干し大根入り納豆(108ページ)
油揚げと小松菜のみそ汁(108ページ)
ごはん

レバーソースポテトサラダ

材料[2人分] ▶じゃが芋大1個 ▶▶ほうれん草100g　紫玉ねぎ30g　A[▶レバーペースト大さじ2　油大さじ1　酢大さじ½　砂糖小さじ½　塩小さじ¼]

1 玉ねぎは薄切りにし、塩少量(分量外)をふってしんなりしたら水洗いし、水けを絞る。ほうれん草はゆでて2cm長さに切る。
2 じゃが芋は一口大に切って水につけ、アクを除く。やわらかくゆで、ゆで汁を捨てて再び火にかけて粉吹き芋にする。あら熱がとれたらAであえ、1を加え混ぜる。

1人分
鉄 2.5mg
たんぱく質 4.4g　ビタミンC 45mg
エネルギー 188kcal　塩分 1.1g

MENUのレシピ●●●

イワシの洋風照り焼き丼
(94ページ参照)

1人分
鉄 1.8mg
たんぱく質 16.6g　ビタミンC 6mg
エネルギー 481kcal　塩分 2.0g

洋風かきたま汁

材料[2人分] ▶クレソン15g ▶▶卵½個　[水1½カップ　コンソメ小さじ½　塩・こしょう少量]　かたくり粉大さじ⅔　水大さじ1⅓

1人分
鉄 0.3mg
たんぱく質 1.8g　ビタミンC 2mg
エネルギー 32kcal　塩分 0.7g

▶鉄が多い食材　▶たんぱく質が多い食材　▶ビタミンCが多い食材

貧血が気になる人の
Fe ＋ たんぱく質
ビタミンC

Fe + たんぱく質 ビタミンC

貧血が気になる人の

ビビンバ

材料 [2人分]

- ▶▶ 牛もも肉 …………… 150g
- しょうゆ・みりん …… 各大さじ½
- ▶▶ 小松菜（ゆでる）………… 100g
- もやし（ひげ根を除く）………… 30g
- にんじん（細切り）…………… 50g
- 油 ………………… 大さじ½
- ▶▶ 卵黄 ……………… 2個分
- ▶ いり白ごま …………… 小さじ1
- 温かいごはん ……………… 300g

1 牛肉はしょうゆとみりんをまぶし、油を熱したフライパンに入れていためる。

2 小松菜は3cm長さに切る。もやしとにんじんはそれぞれ沸騰湯でゆで、湯をきる。

3 丼にごはんを盛り、**1**と混ぜ合わせた**2**を盛り、卵黄をのせてごまをふる。

1人分
鉄 4.0mg
たんぱく質 23.2g　ビタミンC 23mg
エネルギー 548kcal　塩分 0.8g

▶ 鉄が多い食材　▶ たんぱく質が多い食材　▶ ビタミンCが多い食材

牛タンの塩焼き

材料[2人分]
- ▶▶ 牛タン……………150g
- 塩………………小さじ⅙
- ▶ レモン(くし形切り)……¼個
- ▶ サラダ菜……………4枚

1 タンは熱した焼き網でこんがりと焼き、塩をふってとり出す。
2 サラダ菜を敷いた器に盛り、レモンを添える。

1人分
鉄 2.2mg
たんぱく質 11.8g　ビタミンC 17mg
エネルギー 210kcal　塩分 0.6g

豚ヒレの高菜卵あんかけ

材料[2人分]
- ▶▶ 豚ヒレかたまり肉・200g
- 酒………………大さじ½
- 塩………………小さじ⅕
- 油………………大さじ½
- ▶▶ 高菜漬け……………40g
- ねぎ………………¼本
- A [しょうゆ・顆粒ブイヨン ……各小さじ¼
    塩………………少量
    水………………½カップ]
- B [かたくり粉……小さじ1
    水………………小さじ2]
- ▶ とき卵……………½個分
- 油………………小さじ1

1 ヒレ肉は1cm厚さに切って酒と塩をふる。
2 高菜は水にさらして塩抜きしてみじん切りに、ねぎは斜め薄切りにする。
3 フライパンに油大さじ½を熱し、1を入れてこんがりと中まで火を通し、皿に盛る。
4 油小さじ1を熱し、2を入れていため、全体に油がまわったらAを加えて煮立たせる。
5 Bでとろみをつけ、卵を流し入れ、かきたま状に火を通し、3にかける。

1人分
鉄 1.8mg
たんぱく質 25.1g　ビタミンC 8mg
エネルギー 200kcal　塩分 2.2g

牛肉のトマトいため

材料[2人分]
- ▶▶ 牛もも薄切り肉…150g
- 塩………………小さじ⅙
- こしょう………………少量
- ▶ トマト(一口大に切る)…小1個
- 玉ねぎ(くし形切り)……小½個
- マッシュルーム(縦半分に切る)……4個
- ▶▶ ブロッコリー (小房に分けてゆでる)……½株
- A [塩………………小さじ⅖
    こしょう………………少量]
- 油………………大さじ1

1 牛肉は4cm長さに切り、塩とこしょうをふり、油を熱したフライパンに入れていためる。
2 肉の色が変わったら玉ねぎとマッシュルームを加えていため、玉ねぎに火が通ったらトマト、ブロッコリー、Aを加えていため合わせる。

1人分
鉄 1.9mg
たんぱく質 18.3g　ビタミンC 75mg
エネルギー 259kcal　塩分 1.8g

Fe + たんぱく質 ビタミンC
貧血が気になる人の

牛レバーの甘酢いため

材料［2人分］
- ▶▶ 牛レバー……………150g
- しょうゆ・酒………各小さじ1
- 玉ねぎ…………………½個
- ▶ ししとうがらし………10本
- 油………………………大さじ1
- A ┌ 砂糖……………大さじ⅔
  │ しょうゆ…………大さじ½
  └ 酒………………小さじ1
- 酢………………………大さじ1

1 レバーは8mm厚さに切り、流水にさらして血抜きをし、しょうゆと酒をふる。
2 玉ねぎはくし形切り、ししとうがらしは切り目を入れる。
3 フライパンに油を熱し、汁けをふいたレバーを入れていため、八分どおり火を通し、玉ねぎを加えていためる。
4 ししとうとAを加えて、汁けをとばしながらいためて火を消し、酢を加え混ぜる。

1人分
鉄 3.3mg
たんぱく質 16.1g ビタミンC 35mg
エネルギー 201kcal 塩分 1.2g

そら豆ごはんの鶏そぼろかけ

材料［2人分］
- 米………………………2カップ
- 酒………………………大さじ2
- 塩………………………小さじ⅖
- ▶▶ そら豆（さやから出して）
  ……………………200g
- 塩………………………小さじ⅖
- 水………………………2カップ
- ▶▶ 鶏胸ひき肉…………100g
- しょうが（みじん切り）……½かけ
- A ┌ しょうゆ・みりん
  │ …………各大さじ1½
  └ 砂糖……………大さじ½
- 油………………………小さじ1

1 そら豆は塩を加えた沸騰湯でゆで、ざるにあげ、薄皮をむく。ゆで汁はとっておく。
2 ゆで汁に水を加えて2カップにして炊飯器の内釜に入れ、米、酒、塩を加えてひと混ぜし、普通に炊く。蒸らしているときにそら豆を加える。
3 小なべに油としょうがを入れて火にかけ、香りが立ったらひき肉を加えてそぼろ状にいため、Aを加えていため混ぜ、汁けをとばす。
4 2を器に盛り、3をかける。

1人分
鉄 1.1mg
たんぱく質 9.6g ビタミンC 6mg
エネルギー 277kcal 塩分 1.5g

牛もも肉の柳川風

材料[2人分]
- ▶▶ 牛もも薄切り肉……100g
- ごぼう……………………¼本
- ▶▶ 卵(割りほぐす)………2個
- ▶ 糸三つ葉…………………適量
- A
  - だし……………………½カップ
  - 砂糖……………………大さじ1½
  - 酒………………………大さじ1
  - しょうゆ………………大さじ½
  - 塩………………………少量

1 ごぼうは笹がきにし、水につけてアクを除き、水けをきる。
2 牛肉は食べやすい大きさに切り、糸三つ葉は1cm長さに切る。
3 フライパンにAを入れて煮立て、牛肉を加え、肉の色が変わったらごぼうを加える。
4 再び煮立ったらとき卵を流し入れ、好みのかたさに火を通し、三つ葉を散らす。

1人分
- 鉄 1.9mg
- たんぱく質 16.9g　ビタミンC 2mg
- エネルギー 233kcal　塩分 1.2g

ギョーザ風サモサ

材料[2人分]
- ▶▶ 鶏レバー………………50g
- ▶▶ 牛赤身ひき肉…………30g
- ▶ じゃが芋(一口大に切る)‥小1個
- 玉ねぎ(みじん切り)………30g
- B
  - オリーブ油………小さじ1
  - にんにく(みじん切り) ¼かけ
- カレー粉……………………小さじ1
- A
  - トマトの水煮缶詰め
    　(種を除く)………100g
  - 塩………………………小さじ⅓
  - こしょう………………少量
- ギョーザの皮………………12枚
- 揚げ油
- ▶▶ パセリ…………………適量

1 レバーは流水にさらして血抜きをし、水けをふいて小ぶりの一口大に切る。
2 じゃが芋はやわらかくゆでて湯を捨て、再度火にかけて粉ふきにし、熱いうちにマッシャーなどでつぶす。
3 フライパンにBを熱し、玉ねぎ、**1**、ひき肉をいため、カレー粉を加え混ぜ、Aを加えて10分煮て**2**を加え、汁けをとばす。
4 **3**をギョーザの皮にのせ、皮の端をおさえてとじ、170〜180度に熱した揚げ油で揚げる。
5 器に盛り、パセリを添える。

1人分
- 鉄 3.6mg
- たんぱく質 12.4g　ビタミンC 28mg
- エネルギー 263kcal　塩分 1.1g

▶ 鉄が多い食材　▶ たんぱく質が多い食材　▶ ビタミンCが多い食材

かんたんビーフシチュー

材料[2人分]

- ▶▶ 牛もも薄切り肉 … 150g
- 塩・こしょう ………… 各少量
- 小麦粉 ………………… 適量
- 油 ……………………… 大さじ½
- ▶▶ ブロッコリー
  （小房に分けてゆでる）…… ½株
- 玉ねぎ（一口大に切る）…… ½個
- A
  - トマトの水煮缶詰め・100g
  - 中濃ソース ……… 大さじ2
  - 砂糖 ……………… 小さじ1
  - 塩・こしょう ……… 各少量

1 牛肉は塩とこしょうをし、一口大に丸めて表面に小麦粉を薄くつける。
2 なべに油を熱し、牛肉を入れて表面に焼き色をつけ、玉ねぎを加えていためる。
3 玉ねぎがしんなりしたらAを加え、10分程煮、ブロッコリーを加えてひと煮する。

1人分
- 鉄 2.2mg
- たんぱく質 18.1g　ビタミンC 70mg
- エネルギー 268kcal　塩分 2.2g

ハムとほうれん草とチーズのスクランブルエッグ

材料[2人分]

- ▶ ハムの薄切り（短冊切り）… 2枚
- ▶ プロセスチーズ（5mm角に切る）
  ………………………………… 30g
- ▶▶ ほうれん草（ゆでる）… 100g
- ▶▶ 卵（割りほぐす）……… 2個
- 塩・こしょう ………… 各少量
- 油 ……………………… 大さじ1
- 塩・こしょう ………… 各少量

1 卵に塩とこしょう、チーズを加えて混ぜる。
2 ほうれん草は3cm長さに切る。
3 フライパンに油を熱し、ハムとほうれん草をいため、塩とこしょうをふり、1を加えてスプーンで大きくかき混ぜ、好みのかたさに火を通す。

1人分
- 鉄 2.1mg
- たんぱく質 14.0g　ビタミンC 28mg
- エネルギー 231kcal　塩分 1.8g

フランクフルトとコーンのソテー

材料[2人分]

- ▶▶ フランクフルトソーセージ
  ………………………………… 3本
- コーン（ホール缶詰め）……… 50g
- ▶▶ ほうれん草（ゆでる）… 100g
- 玉ねぎ（薄切り）……………… ¼個
- 油 ……………………… 大さじ1
- A
  - 塩 ………………… 小さじ¼
  - こしょう ………………… 少量

1 ソーセージは斜め5mm幅に、ほうれん草は3cm長さに切る。
2 フライパンに油を熱し、ソーセージをいため、油がまわったら、玉ねぎ、コーンの順に加えていため合わせる。
3 玉ねぎに火が通ったらほうれん草を加えていため、Aで調味し、手早くいためる。

1人分
- 鉄 1.8mg
- たんぱく質 11.5g　ビタミンC 28mg
- エネルギー 319kcal　塩分 2.3g

Fe + たんぱく質 ビタミンC

貧血が気になる人の

レバー入り
ミートソース

材料[2人分]
▶▶ 鶏レバー ………………… 100g
▶▶ 合いびき肉(赤身) ………… 50g
玉ねぎ(みじん切り) ………… 30g
にんにく(みじん切り) ……… ½かけ
トマトの水煮缶詰め(種を除く)
　……………………………… 200g
オリーブ油 …………… 大さじ½
塩 …………………… 小さじ½
こしょう ………………… 少量
スパゲティ …………… 乾120g
▶ グリーンピース(ゆでる) …… 20g

1 レバーは流水にさらして血抜きをし、一口大に切る。
2 なべにオリーブ油とにんにくを熱し、香りが立ったら玉ねぎを加えていため、油がまわったら**1**とひき肉を加えていためる。
3 肉の色が変わったらトマトを加えて煮立て、弱火で10分程煮、塩とこしょうで味をととのえる。
4 スパゲティは表示の通りにゆでて器に盛り、**3**をかけてグリーンピースを散らす。

1人分
鉄 6.1mg
たんぱく質 24.3g　ビタミンC 23mg
エネルギー 394kcal　塩分 1.6g

▶鉄が多い食材　▶たんぱく質が多い食材　▶ビタミンCが多い食材

Fe + たんぱく質 ビタミンC
貧血が気になる人の

豚ヒレと大根葉の甘辛煮

材料[2人分]
- 豚ヒレかたまり肉……150g
- 大根の葉(ゆでる)……100g
- しょうが(薄切り)……½かけ
- A ┌ しょうゆ・砂糖……各大さじ2
  │ 酒……………………大さじ1
  └ 水……………………1カップ

1 ヒレ肉は短冊切りにする。大根の葉は3cm長さに切る。

2 なべにAとしょうがを入れて煮立て、ヒレ肉を加えて汁けがほとんどなくなるまで煮る。仕上がりに大根の葉を加えてひと煮する。

1人分
鉄 2.5mg
たんぱく質 18.9g　ビタミンC 27mg
エネルギー 148kcal　塩分 1.4g

鶏レバーのバジルいため

材料[2人分]
- ▶▶鶏レバー……………150g
- 塩・こしょう…………各少量
- ▶プチトマト
　（へたを除いて縦半分に切る）‥10個
- にんにく（みじん切り）……½かけ
- オリーブ油……………大さじ1
- 塩・こしょう …………各少量
- ▶▶バジル（細かくちぎる）
　…………………………2〜3枚

1 レバーは流水にさらして血抜きをする。塩とこしょうをふる。
2 半量のオリーブ油を熱し、**1**を入れていため、八分どおり火が通ったら、とり出す。
3 フライパンに残りの油とにんにくを熱し、**2**、プチトマトの順に加えていため、塩とこしょうで調味し、バジルを加える。

1人分
- 鉄 7.0mg
- たんぱく質 14.9g　ビタミンC 31mg
- エネルギー 157kcal　塩分 1.0g

鶏レバーの牛丼風

材料[2人分]
- ▶▶鶏レバー……………150g
- A［ねぎの葉としょうがの皮
　………………………各適量
- 玉ねぎ（薄切り）……………½個
- しょうが（せん切り）………½かけ
- B［しょうゆ………大さじ1⅓
　　砂糖・酒………各大さじ1
　　水………………⅔カップ
- 温かいごはん……………300g
- ▶糸三つ葉（1cm長さに切る）‥適量

1 レバーは流水に20分さらして血抜きをし、一口大に切る。
2 Aを入れた沸騰湯でレバーをゆでてアクを除き、湯をきる。
3 なべにBとしょうがを入れて煮立て、**2**と玉ねぎを加え、火を弱めて汁けがほとんどなくなるまで煮る。
4 ごはんを器に盛り、**3**をかけ、三つ葉を散らす。

1人分
- 鉄 7.2mg
- たんぱく質 19.4g　ビタミンC 19mg
- エネルギー 389kcal　塩分 1.9g

豚レバーの中国風マリネ

材料[2人分]
- ▶▶豚レバー……………150g
- しょうゆ・酒………各小さじ1
- 小麦粉……………………適量
- ねぎ（せん切り）……………20g
- にんじん（せん切り）………10g
- ▶ピーマン（せん切り）………¼個
- 油…………………………大さじ1
- A［しょうゆ・酒・酢 各大さじ1
　　砂糖……………小さじ1⅓
　　ごま油…………大さじ½
　　水………………大さじ½

1 レバーは流水にさらして血抜きをし、水けをふき、5mm厚さに切ってしょうゆと酒をふる。
2 野菜は水に放ってパリッとさせ、水けをきり、混ぜ合わせたAに加え混ぜる。
3 **1**の汁けをふいて薄く小麦粉をつけ、熱した油で焼き、中まで火を通す。熱いうちに**2**につけ、味がなじむまでおく。

1人分
- 鉄 10.0mg
- たんぱく質 16.5g　ビタミンC 19mg
- エネルギー 225kcal　塩分 2.0g

砂肝のおろしあえ

材料[2人分]

- 砂肝……………………100g
- 酒………………………小さじ1
- しょうゆ………………小さじ1/3
- A[ねぎの青い部分・しょうがの皮…各適量]
- おろし大根……………200g
- B[だし……………大さじ1 1/2
    酢……………………大さじ1
    塩……………………小さじ1/5
    しょうゆ………………小さじ1/2]
- 青じそ……………………2枚
- レモン(くし形切り)……1/4個

1 砂肝は白い筋をとり除き、Aを入れた沸騰湯でゆで、そぎ切りにして酒としょうゆをふる。
2 1とおろし大根を混ぜ合わせたBであえ、しそを敷いた器に盛り、レモンを添える。

1人分
鉄 1.5mg
たんぱく質 9.9g　ビタミンC 26mg
エネルギー 78kcal　塩分 1.0g

牛ひき肉とれんこんのきんぴら

材料[2人分]

- 牛赤身ひき肉……………50g
- れんこん(8mm角の拍子木切り)……………………100g
- えのきたけ(細かくほぐす)…40g
- 油………………………大さじ1
- A[しょうゆ・みりん………各大さじ2/3]

1 れんこんは水につけてアクを除き、水けをきる。
2 なべに油を熱し、ひき肉をいため、肉の色が変わったられんこん、えのきの順に加えていため合わせる。
3 れんこんの表面が透明になってきたらAを加え、汁けをとばしながらいためる。

1人分
鉄 0.9mg
たんぱく質 6.7g　ビタミンC 24mg
エネルギー 164kcal　塩分 0.9g

ハム入りコーンスープ

材料[2人分]

- クリームコーン缶詰め……………………1/2カップ
- ハムの薄切り(せん切り)…2枚
- 牛乳……………………1 1/2カップ
- 顆粒ブイヨン……………小さじ1
- 塩・こしょう……………各少量
- パセリ(細かくちぎる)…適量

1 なべに牛乳とブイヨンを入れて煮立て、クリームコーンとハムを加えてひと煮し、塩とこしょうで味をととのえる。
2 器に盛り、パセリを散らす。

1人分
鉄 0.4mg
たんぱく質 9.3g　ビタミンC 15mg
エネルギー 181kcal　塩分 1.9g

コンビーフとキャベツのいため物

材料[2人分]
- キャベツ …………………… 150g
- コンビーフ缶詰め ……… 100g
- 油 ……………………… 大さじ1
- 塩・こしょう …………… 各少量

1 キャベツは3〜4cm角の色紙切りにする。コンビーフは手でほぐす。
2 フライパンに油を熱し、コンビーフをいため、油がまわったらキャベツを加えていためる。
3 キャベツがしんなりしたら塩とこしょうで調味し、手早くいためる。

1人分
鉄 2.0mg
たんぱく質 10.9g　ビタミンC 31mg
エネルギー 174kcal　塩分 1.2g

Fe + たんぱく質 ビタミンC
貧血が気になる人の

▶鉄が多い食材　▶たんぱく質が多い食材　▶ビタミンCが多い食材

貧血が気になる人の
Fe + たんぱく質 ビタミンC

ホタテ貝の
ムニエルトマトソース

材料[2人分]

- ホタテ貝(ボイル)……… 4個
- こしょう………………… 少量
- 小麦粉…………………… 適量
- 玉ねぎ(みじん切り)……… 30g
- にんにく(みじん切り)…… ½かけ
- A
  - トマトの水煮缶詰め(種は除く)
    ………………………… 200g
  - ロリエ………………… ½枚
  - 砂糖…………………… 小さじ1
  - 顆粒ブイヨン………… 小さじ½
- 塩………………………… 小さじ⅕
- こしょう………………… 少量
- オリーブ油……………… 大さじ1
- ほうれん草(ゆでる)…… 150g

1 ホタテはこしょうをふってしばらくおき、水けをふいて小麦粉を薄くまぶす。

2 なべに半量の油とにんにくを入れて弱火にかけ、香りが立ったら玉ねぎを入れていため、透明になってきたらAを加える。

3 煮立ったら火を弱め、10〜15分程煮、塩とこしょうで調味する。

4 フライパンに残りのオリーブ油を熱し、**1**を入れて両面に焼き色をつけ、中まで火を通し、とり出す。

5 ほうれん草は3cm長さに切って器に敷き、**4**をのせ、**3**をかける。

1人分
鉄 6.2mg
たんぱく質 29.3g　ビタミンC 41mg
エネルギー 257kcal　塩分 1.8g

▶鉄が多い食材　▶たんぱく質が多い食材　▶ビタミンCが多い食材

マグロのモロヘイヤあえ丼

材料[2人分]
▶▶ マグロ(刺し身用赤身)‥150g
▶▶ モロヘイヤ‥‥‥‥‥100g
ねぎ‥‥‥‥‥‥‥‥‥¼本
しょうゆ‥‥‥‥‥‥大さじ1
▶ いり白ごま‥‥‥‥小さじ1
温かいごはん‥‥‥‥‥300g

1 マグロは包丁で細かくたたき、ねぎは小口切りにしてしょうゆを加えて混ぜる。
2 モロヘイヤは塩少量(分量外)を加えた沸騰湯でゆで、冷水にとり、水けを絞って1cm長さに切る。
3 丼にごはんを盛り、モロヘイヤと**1**をあえて盛り、ごまを散らす。

1人分
鉄 1.8mg
たんぱく質 27.0g ビタミンC 35mg
エネルギー 382kcal 塩分 1.4g

ブリと厚揚げの焼きとり風

材料[2人分]
▶▶ ブリ(一口大に切る)‥1切れ
▶▶ 厚揚げ(一口大に切る)‥½枚
ねぎ(ぶつ切り)‥‥‥‥‥1本
▶ ししとうがらし(切り目を入れる)
‥‥‥‥‥‥‥‥‥‥‥‥4本
A ┌ しょうゆ・みりん
　│　‥‥‥‥‥各大さじ1½
　└ 砂糖‥‥‥‥‥小さじ1

1 熱した焼き網でブリ、厚揚げ、ししとうを焼き、焼き目がついたら、混ぜ合わせたAをはけで塗りながら両面を焼き、中まで火を通す。
2 彩りよく串に刺し、器に盛る。

1人分
鉄 1.9mg
たんぱく質 16.1g ビタミンC 8mg
エネルギー 243kcal 塩分 2.0g

ブリのマヨネーズ焼き

材料[2人分]
- ▶▶ブリ……………2切れ
- 塩………………小さじ⅕
- こしょう……………少量
- 油………………大さじ½
- マヨネーズ………大さじ⅔
- ▶▶小ねぎ(小口切り)……適量
- ポアブルロゼ…………適量
- ▶▶小松菜(ゆでる)……150g
- しょうゆ…………小さじ1

1 ブリは塩とこしょうをふって水けをふく。小松菜は3cm長さに切り、しょうゆであえる。
2 フライパンに油を熱し、ブリを入れて両面を色よく焼き、中まで火を通す。
3 フライパンとブリの余分な油をふきとり、ブリの片面にマヨネーズを塗り、もう一度さっと焼く。
4 3を器に盛り、小ねぎとポアブルロゼを散らし、小松菜を添える。

1人分: 鉄 3.7mg／たんぱく質 20.9g／ビタミンC 32mg／エネルギー 286kcal／塩分 1.2g

ウナギのにんにくチャーハン

材料[2人分]
- ▶▶ウナギのかば焼き(短冊切り)…………………1串
- にんにく(みじん切り)……½かけ
- ▶▶枝豆(ゆでる)………さやから出して30g
- 油………………大さじ1
- ▶▶卵(割りほぐす)……1個
- 塩・こしょう………各少量
- A[塩…………小さじ½弱／こしょう…………少量]
- ごはん………………400g

1 卵、塩、こしょうを混ぜる。
2 フライパンに半量の油を熱し、1を流し入れ、スプーンで大きくかき混ぜて半熟状に火を通し、とり出す。
3 フライパンに残りの油とにんにくを熱し、香りが立ったらごはんを加えてほぐしいため、A、ウナギ、2、枝豆を加えて全体に味が均一になるようにいため合わせる。

1人分: 鉄 1.7mg／たんぱく質 27.2g／ビタミンC 4mg／エネルギー 673kcal／塩分 2.6g

マグロのユッケ

材料[2人分]
- ▶▶マグロの赤身(刺し身用)…………………200g
- ねぎ(みじん切り)…………20g
- にんにく(みじん切り)……¼かけ
- A[しょうゆ…………小さじ2／ごま油・酒………各小さじ1]
- ▶卵黄………………2個分
- ▶サンチュ……………4枚

1 マグロは包丁で細かくたたき刻む。
2 1、ねぎ、にんにくを合わせ、混ぜ合わせたAであえる。
3 器にサンチュを敷き、2を盛り、卵黄をのせる。

1人分: 鉄 3.0mg／たんぱく質 30.4g／ビタミンC 10mg／エネルギー 231kcal／塩分 1.0g

Fe + たんぱく質 ビタミンC
貧血が気になる人の

カツオのシャリアピンステーキ風

材料[2人分]

- ▶▶カツオ ……………… 200g
- 塩 ………………… 小さじ¼
- こしょう ………………… 少量
- 油 ………………… 大さじ1
- 玉ねぎ ………………… ½個
- マッシュルーム ……………… 2個
- にんにく ………………… ½かけ
- 塩・こしょう ……………… 各少量
- ▶▶パセリ(みじん切り) ……… 適量

1 カツオは2.5cm厚さに切り、塩とこしょうをふる。

2 玉ねぎ、マッシュルーム、にんにくはみじん切りにする。

3 フライパンに半量の油とにんにくを熱し、香りが立ったら玉ねぎとマッシュルームを加え、きつね色になるまでよくいため、塩・こしょうで調味し、とり出す。

4 フライパンに残りの油を入れ、**1**を入れて焼き色がついたら裏返して好みの焼き加減に火を通す。

5 **4**を器に盛り、**3**をのせ、パセリを散らす。

1人分
鉄 2.4mg
たんぱく質 26.9g　ビタミンC 10mg
エネルギー 195kcal　塩分 1.2g

▶鉄が多い食材　▶たんぱく質が多い食材　▶ビタミンCが多い食材

Fe + たんぱく質 ビタミンC
貧血が気になる人の

カキのさくさく揚げ

材料 [2人分]

- ▶▶ カキ ……………… 150g
- ▶ 春菊(葉のやわらかい部分) 30g
- にんじん(輪切り) …… 1/4本
- A ┌ 小麦粉 ………… 1/3カップ
  │ 塩 …………… 小さじ1/4
  └ 冷水 ………… 1/3カップ強
- 揚げ油

1 カキはざるに入れて塩水でふり洗いし、水けを軽くふきとる。
2 Aはさっくりと混ぜる。
3 カキ、春菊、にんじんに小麦粉少量(分量外)を薄くまぶしてAをからめ、160～170度の揚げ油で野菜を揚げ、180度に油温を上げ、カキを入れて揚げる。

1人分
鉄 1.9mg
たんぱく質 7.4g　ビタミンC 6mg
エネルギー 215kcal　塩分 1.8g

イワシの洋風照り焼き丼

材料 [2人分]

- ▶▶ イワシ …………… 2尾
- 小麦粉 ……………… 適量
- 油 ……………… 大さじ1
- ▶ ミックスベジタブル ‥ 100g
- 塩・こしょう ……… 各少量
- A ┌ しょうゆ・トマトケチャップ
  │ ………………… 各大さじ1
  └ 砂糖 ………… 小さじ1/2
- 温かいごはん ……… 300g

1 イワシは頭と内臓を除いて水洗いし、水けをふく。腹側を開いて骨をとり除き、長さを半分に切る。
2 フライパンに小さじ1の油を熱し、ミックスベジタブルを入れていため、塩とこしょうで調味し、とり出す。
3 2のフライパンに残りの油を熱し、薄く小麦粉をまぶしたイワシを皮を下にして焼き、焼き色がついたら裏返して中まで火を通す。
4 余分な油をふきとり、Aを加えて味をからめる。
5 器にごはんを盛り、2をのせ、4を盛る。

1人分
鉄 1.8mg
たんぱく質 16.6g　ビタミンC 6mg
エネルギー 481kcal　塩分 2.0g

ボンゴレビアンコ

材料[2人分]
スパゲティ……………乾100g
▶▶アサリ（砂抜きする）
　　　　　…………殻つきで200g
　白ワイン…………大さじ1
オリーブ油…………大さじ½
玉ねぎ(みじん切り)………30g
にんにく(みじん切り)……¼かけ
A　トマトの水煮缶詰め
　　　（種を除く）………200g
　　顆粒ブイヨン……小さじ½
　　砂糖……………小さじ⅓
塩………………………小さじ⅙
こしょう………………少量
ディル…………………適量

1 スパゲティは表示時間より1分ゆで時間を短くしてゆでる。
2 なべにオリーブ油とにんにくを入れて弱火にかけ、香りが立ったら玉ねぎを加えていため、透明になってきたらAを加える。10〜15分程煮て、塩とこしょうで味をととのえる。
3 フライパンにアサリとワインを入れ、ふたをして火にかけ、アサリの口が開いたら2を加える。
4 3に1を加えて混ぜる。
5 4を器に盛り、ディルを飾る。

1人分
鉄 2.7mg
たんぱく質 10.1g　ビタミンC 12mg
エネルギー 265kcal　塩分 2.4g

アサリと厚揚げのXO醬いため

材料[2人分]
▶▶アサリ（砂抜きする）
　　　　…………殻つきで200g
▶▶厚揚げ(油抜きする)……½枚
酒………………………大さじ1
青梗菜…………………大1株
にんにく(みじん切り)……½かけ
油………………………大さじ1
A　XO醬……………小さじ2
　　酒………………大さじ½
　　砂糖・しょうゆ‥各小さじ1

1 厚揚げは縦半分に切ってから1cm幅に切る。
2 青梗菜は3cm長さに切り、根元は6〜8等分に切る。
3 フライパンに油とにんにくを入れて熱し、香りが立ったらアサリと酒を加えてふたをする。
4 アサリの口が開いたら厚揚げと青梗菜を加えていため、Aを加えて汁けをとばしながらいためる。

1人分
鉄 3.4mg
たんぱく質 7.3g　ビタミンC 19mg
エネルギー 175kcal　塩分 1.8g

▶鉄が多い食材　▶たんぱく質が多い食材　▶ビタミンCが多い食材

貧血が気になる人の
Fe + たんぱく質 ビタミンC

カキのクリームスープ

材料 [2人分]

▶▶ カキ ………………………… 150g
▶ ハムの薄切り(8等分に切る) …… 2枚
玉ねぎ(一口大に切る) ………… 1/4個
▶ グリーンピース(ゆでる)
　…………… さやから出して30g
油 ……………………… 大さじ1/2
A ┌ 顆粒ブイヨン ……… 小さじ1/2
　│ 水 …………………… 2/3カップ
　└ ロリエ ………………………… 1枚
牛乳 …………………… 1 1/3カップ
塩 ……………………… 小さじ1/6
こしょう ……………………… 少量
B ┌ 小麦粉・バター …… 各大さじ1/2

1 カキはざるに入れて塩水の中でふり洗いし、水けをきる。
2 なべに油を熱し、ハムと玉ねぎをいため、油がまわったらAを加えて玉ねぎがやわらかくなるまで煮る。
3 牛乳を加えて煮立ちかけたら、カキとグリーンピースを加えて3〜4分煮、塩とこしょうで味をととのえ、混ぜ合わせたBを加えてとろみをつける。

1人分
鉄 1.9mg
たんぱく質 14.4g　ビタミンC 19mg
エネルギー 271kcal　塩分 2.5g

ザーサイじゃこいため

材料 [2人分]
ねぎ……………………… 1本
▶ ザーサイ（塩抜きする）…… 50g
▶ ちりめんじゃこ…… 大さじ2
A ┌ 酒………………… 大さじ1
　└ しょうゆ………… 小さじ½
油………………………… 小さじ1

1 ねぎは斜め薄切りにする。ザーサイは薄切りにする。
2 フライパンに油を熱し、ねぎを入れてさっといため、ザーサイとじゃこを加えていためる。
3 全体に油がまわったらAを加えて汁けをとばしながらいため上げる。

1人分
鉄 0.9mg
たんぱく質 2.2g　ビタミンC 6mg
エネルギー 34kcal　塩分 1.8g

カキと玉ねぎの甘辛煮

材料 [2人分]
▶▶ カキ……………………… 150g
玉ねぎ（くし形切り）………… ½個
にんじん（拍子木切り）……… ¼本
A ┌ 酒………………… 大さじ1
　├ しょうゆ………… 大さじ½
　├ 砂糖……………… 大さじ⅔
　└ 水………………… ½カップ
さやいんげん（ゆでる）……… 2本

1 カキはざるに入れて塩水でふり洗いし、水で洗い流す。
2 なべにAと玉ねぎ、にんじんを入れて火にかけ、煮立ったら弱火にし、野菜がやわらかくなるまで煮、カキを加えてカキに火が通るまで煮る。
2 器に盛り、2cm長さに斜め切りしたいんげんを散らす。

1人分
鉄 1.7mg
たんぱく質 6.1g　ビタミンC 8mg
エネルギー 97kcal　塩分 1.7g

アサリの甘辛蒸し

材料 [2人分]
┌ ▶▶ アサリ… 殻つきで300g
└ 酒………………………… 大さじ1
A ┌ しょうゆ・みそ・砂糖
　│　………………… 各小さじ1
　└ 豆板醤…………… 小さじ½

1 アサリは塩水（分量外）につけて砂出しをし、水けをきる。
2 フライパンにアサリと酒を入れてふたをし、火にかけ、アサリの口が開いたらとり出す。
3 2の蒸し汁にAを加え混ぜ、とりおいたアサリを戻し入れてひと混ぜする。

1人分
鉄 2.5mg
たんぱく質 4.3g　ビタミンC 1mg
エネルギー 40kcal　塩分 2.4g

サクラエビの韓国風つくだ煮

材料［2人分］
- ▶▶ サクラエビ………… 15g
- ごま油 ……………… 大さじ½
- ▶ いり白ごま ……… 大さじ½
- A ┌ おろしにんにく
　　　　………… ¼かけ分
　　└ 砂糖・しょうゆ
　　　　………… 各大さじ½

1 フライパンにごま油を熱し、サクラエビがパリッとするまでいためる。
2 混ぜ合わせたAを加えて汁けがなくなるまでいため、バットなどにとり出し、ごまをふってさます。

1人分
- 鉄 0.5mg
- たんぱく質 5.7g
- エネルギー 78kcal　塩分 0.9g

シジミごはん

材料［2人分］
- ▶▶ シジミ …… 殻つきで300g
- A ┌ 酒 ……………… 小さじ2
　　└ しょうゆ ………… 小さじ1
- ▶▶ 油揚げ（油抜きする）…… 1枚
- いんげん（ゆでて1cm長さの斜め切り）
　　……………………… 5〜6本
- 米 ………………………… 2カップ
- B ┌ しょうゆ ……… 小さじ2
　　├ 酒 ……………… 小さじ1
　　├ 塩 ……………… 小さじ⅓
　　└ 水 ……………… 1½カップ

1 シジミは水につけて砂出しをする。油揚げは短冊切りにする。
2 米は炊く30分以上前にといで、ざるにあげて水けをきる。
3 なべにシジミとAを入れ、ふたをして火にかけ、シジミの口が開いたら火を消す。
4 炊飯器の内釜に米、シジミの煮汁、Bを加えてひと混ぜし、油揚げを加えて炊く。炊き上がったらシジミといんげんを加えて混ぜる。

1人分
- 鉄 1.5mg
- たんぱく質 5.9g
- エネルギー 258kcal　塩分 0.9g

ホタテ貝のおかひじきあえ

材料［2人分］
- ▶ おかひじき（ゆでる）…… 100g
- ▶ ホタテ貝柱 …………… 3個
- 酒 ………………………… 大さじ½
- A ┌ だし ……………… 大さじ2
　　├ しょうゆ ……… 大さじ⅔
　　└ ▶ いり白ごま ……… 小さじ1

1 おかひじきは3cm長さに切る。ホタテはそぎ切りにして熱した焼き網で焼き、酒をふる。
2 1を混ぜ合わせたAであえ、器に盛る。

1人分
- 鉄 0.9mg
- たんぱく質 10.6g　ビタミンC 12mg
- エネルギー 68kcal　塩分 1.1g

Fe + たんぱく質 ビタミンC
貧血が気になる人の

アサリとかぶの煮物

材料[2人分]
▶▶アサリ水煮缶詰め………20g
かぶ………………………2個
▶▶かぶの葉(ゆでる)………2個分
水…………………………½カップ
A┌ みりん……………大さじ1
 │ しょうゆ…………小さじ1
 └ 塩…………………小さじ¼

1 かぶは茎の部分を3cm程残して切り落とし、皮をむいて8等分のくし形切りにし、沸騰湯でゆで、湯をきる。葉は塩少量(分量外)を加えた沸騰湯でゆで、水にとってさまし、3cm長さに切る。

2 なべに水、A、汁けをきったアサリを入れて煮立て、かぶを加えて味がなじむまで煮、かぶの葉を加えてひと煮する。

1人分
鉄 4.7mg
たんぱく質 3.5g ビタミンC 42mg
エネルギー 58kcal 塩分 1.3g

▶鉄が多い食材 ▶たんぱく質が多い食材 ▶ビタミンCが多い食材

豆腐とハムの衣焼き

材料［2人分］

- ▶▶もめん豆腐(水きりする)……2/3丁
- 塩……小さじ1/5
- こしょう……少量
- ▶ハムの薄切り(4等分する)……1枚
- ▶スライスチーズ……2枚
- ▶▶卵(割りほぐす)……1個
- クラッカー(砕く)……60g
- 小麦粉・油……各適量
- ▶▶ブロッコリー(小房に分けてゆでる)……100g
- ▶プチトマト(縦半分に切る)……2個

1 豆腐は厚みを半分に切り、さらに厚みに切り目を入れて袋状にし、塩とこしょうをふる。
2 **1**にハムとチーズを等分にはさみ、小麦粉をまぶし、卵をからめ、クラッカーをまぶす。
3 フライパンに1cm深さの油を熱し、**2**を揚げ焼きにする。
4 器に盛り、ブロッコリーとトマトを添える。

1人分　**鉄** 2.0mg　**たんぱく質** 19.2g　**ビタミンC** 68mg　**エネルギー** 497kcal　**塩分** 1.9g

納豆とイカのチヂミ

材料［2人分］

- ▶▶納豆……75g
- しょうゆ……小さじ1/3
- ▶モンゴウイカ(1.5cm角に切る)……100g
- 塩・こしょう……各少量
- にら(3cm長さに切る)……40g
- A ▶▶卵(割りほぐす)……2個
- A 塩……小さじ1/6
- A 小麦粉……2/3カップ
- 油・ごま油……各大さじ1/2

1 納豆はしょうゆと混ぜる。
2 イカは塩とこしょうをふる。
3 ボールにAを入れて混ぜ、**1**、**2**、にらを加えてざっと混ぜる。
4 フライパンに油2種を熱し、**3**を1/4量ずつ流し入れて丸く形を整え、両面を色よく焼き、中まで火を通す。

1人分　**鉄** 2.6mg　**たんぱく質** 23.1g　**ビタミンC** 4mg　**エネルギー** 378kcal　**塩分** 1.5g

豆腐と明太子のチャーハン

材料［2人分］

- ▶▶もめん豆腐……1/2丁
- からし明太子(細かくちぎる)……1/2腹
- ねぎ(みじん切り)……1/4本
- A ▶▶卵(割りほぐす)……1個
- A 塩・こしょう……各少量
- 油……大さじ1
- 塩……小さじ1/4
- こしょう……少量
- ▶▶枝豆(ゆでる)……さやから出して30g
- ごはん……400g

1 豆腐は電子レンジ(600W)で1分半加熱し、水きりする。
2 Aは混ぜ合わせる。
3 フライパンに半量の油を熱し、**2**を入れ、大きく混ぜながら半熟状に火を通し、とり出す。
4 フライパンに残りの油を熱し、ねぎをいため、豆腐を加えていため、水けをとばす。
5 ごはんと明太子を加えてほぐしいため、塩、こしょう、**3**、枝豆を加えていためる。

1人分　**鉄** 1.9mg　**たんぱく質** 19.0g　**ビタミンC** 20mg　**エネルギー** 531kcal　**塩分** 2.1g

Fe + たんぱく質 ビタミンC
貧血が気になる人の

厚揚げとエビの豆板醤いため

材料［2人分］
- ▶▶ 厚揚げ（油抜きする）……… 1/3枚
- ▶ エビ ………… 殻つきで200g
  酒 ………………… 小さじ1
  塩 ………………… 少量
- ▶▶ 枝豆（ゆでる）さやから出して30g
- ▶ きくらげ ………… 乾3g
- A しょうゆ ………… 大さじ1/2
   酒 ………………… 小さじ1
   砂糖・豆板醤 …… 各小さじ2/3
- 油 ………………… 大さじ1

1 エビは足を除き、尾の先を切り除き、尾を包丁でしごいて水けを除く。背中に切り目を入れ、背わたを除き、塩と酒をふる。
2 厚揚げは太めの短冊切りにする。きくらげはもどして石づきを除く。
3 フライパンに油を熱し、1を加えていため、エビの色が変わったら厚揚げときくらげを加えていためる。
4 全体に油がまわったら、Aを加えて汁けをとばしながらいため、枝豆を加えてさっといため合わせる。

1人分
- 鉄 2.3mg
- たんぱく質 25.1g　ビタミンC 4mg
- エネルギー 236kcal　塩分 1.7g

▶鉄が多い食材　▶たんぱく質が多い食材　▶ビタミンCが多い食材

Fe + たんぱく質 ビタミンC
貧血が気になる人の

白いんげん豆と鶏レバーのトマト煮

材料[2人分]
- いんげん豆水煮缶詰め ……………… 50g
- ▶▶鶏レバー(一口大に切る) ……………… 100g
- 塩・こしょう ……… 各少量
- 玉ねぎ(みじん切り) ……… 30g
- にんにく(みじん切り) …… ½かけ
- オリーブ油 ………… 大さじ1
- A ┌ トマトの水煮缶詰め(種を除く) ……… 200g
  │ ローリエ …………… ½枚
  │ 砂糖 …………… 小さじ1
  └ 顆粒ブイヨン … 小さじ½
- カレー粉 ………… 小さじ1
- 塩 ……………… 小さじ¼
- こしょう ……………… 少量
- ▶▶パセリ(細かくちぎる)…適量

1 レバーは流水にさらして血抜きし、水けをふいて塩とこしょうをふる。
2 フライパンに半量のオリーブ油を熱し、レバーを入れて焼き色をつけ、とり出す。
3 なべに残りの油とにんにくを熱し、香りが立ったら玉ねぎとカレー粉を加えていためる。
4 玉ねぎが透明になってきたらAを加えて煮立て、火を弱めて2と豆を加えて10〜15分程煮、塩とこしょうで調味する。
5 器に盛り、パセリを散らす。

1人分 鉄 5.9mg
たんぱく質 13.0g ビタミンC 23mg
エネルギー 188kcal 塩分 1.3g

油揚げ入り肉じゃが

材料[2人分]
- ▶▶油揚げ(油抜きする) …… 1枚
- ▶▶牛もも薄切り肉(一口大に切る) ……………… 100g
- ▶じゃが芋(一口大に切る)…… 1個
- 玉ねぎ(くし形切り) ……… ¼個
- にんじん ……………… ¼本
- ▶さやえんどう(ゆでる) … 4〜5枚
- 油 ……………… 小さじ1
- だし ……………… ⅔カップ
- A ┌ しょうゆ ……… 大さじ1¼
  │ 砂糖 ………… 小さじ1
  └ 酒 …………… 大さじ½

1 油揚げは乱切りにし、にんじんは縦半分に切って5mm幅の斜め切りに、さやえんどうは1cm幅の斜め切りにする。じゃが芋は水につけてアクを除く。
2 厚手のなべに油を熱し、牛肉を入れていため、肉の色が変わり始めたら玉ねぎ、じゃが芋、にんじんの順にいためる。
3 全体に油がまわったら、だしを注いで煮立て、アクを除いてじゃが芋がやわらかくなるまで煮、Aと油揚げを加えて、10分程煮る。
4 器に盛り、さやえんどうを散らす。

1人分 鉄 1.7mg
たんぱく質 14.1g ビタミンC 24mg
エネルギー 239kcal 塩分 1.8g

▶鉄が多い食材　▶たんぱく質が多い食材　▶ビタミンCが多い食材

凍り豆腐と牛肉の卵とじ

材料[2人分]
- ▶▶ 凍り豆腐……………乾1枚
- ▶▶ 牛もも薄切り肉……100g
- ▶▶ 小松菜（ゆでる）……100g
- にんじん（せん切り）……20g
- ▶▶ 卵（割りほぐす）………2個
- A
  - だし……………¾カップ
  - しょうゆ・砂糖……各小さじ2
  - 酒………………大さじ½
  - 塩………………少量

1 凍り豆腐は湯に浸してもどし、水けを絞り、薄切りにする。
2 牛肉は食べやすい大きさに切る。小松菜は4cm長さに切る。
3 浅なべにAとにんじんを入れて煮立て、牛肉を加え、肉の色が変わったら凍り豆腐と小松菜を加えて火を通す。
4 卵をまわし入れ、ふたをして弱火にし、半熟状に火を通す。

1人分 | 鉄 3.7mg　たんぱく質 21.4g　ビタミンC 20mg　エネルギー 254kcal　塩分 1.4g

湯葉とウナギの炊き込みごはん

材料[2人分]
- 米………………………2カップ
- A
  - オイスターソース………大さじ2½
  - しょうゆ………小さじ1
  - 塩………………小さじ⅓
- ▶▶ 平湯葉（ぬるま湯でもどす）2枚
- ▶▶ ウナギのかば焼き（短冊切り）………………1串
- 竹の子（くし形切り）………100g
- にんじん（せん切り）………30g
- ▶ きくらげ（もどして石づきを除く）………………乾5g
- ▶ 枝豆（ゆでる）……さやから出して50g

1 米は30分以上前にとぎ、ざるにあげて水けをきる。
2 湯葉は一口大に切る。
3 1にAを加えて普通に水加減をして20～30分おき、ウナギの¾量、湯葉、竹の子、にんじん、きくらげをのせて炊く。
4 炊き上がったらウナギの残りと枝豆を加えて蒸らし、全体を混ぜる。

1人分 | 鉄 1.4mg　たんぱく質 12.1g　ビタミンC 4mg　エネルギー 297kcal　塩分 1.5g

がんもどきとなまり節の甘酢煮

材料[2人分]
- ▶▶ がんもどき（油抜きする）………………小2個
- ▶▶ なまり節……………150g
- さやいんげん（ゆでる）……80g
- A
  - 酢………………大さじ1⅔
  - しょうゆ………大さじ1⅓
  - 砂糖……………大さじ1
  - 水………………1カップ

1 なまり節は食べやすい大きさに切る。いんげんは長さを半分に切る。
2 浅なべにAを煮立て、がんもどきとなまり節を入れ、再び煮立ったら火を弱めてときどき煮汁をかけながら10～15分煮る。
3 器に盛り、いんげんを添える。

1人分 | 鉄 5.0mg　たんぱく質 33.2g　ビタミンC 3mg　エネルギー 213kcal　塩分 2.0g

貧血が気になる人の
Fe + たんぱく質 ビタミンC

油揚げと鶏団子のなべ

材料［2人分］

▶▶ 油揚げ（油抜きする）………… 1枚
▶▶ 小松菜 ……………………… 150g
▶ えのきたけ ………………… 80g

A ┌ ▶▶ 鶏胸ひき肉 ………… 150g
  │ ねぎ（みじん切り）………… 20g
  │ おろししょうが ……… ½かけ分
  │ 酒 ………………………… 大さじ2
  │ かたくり粉 ……………… 大さじ1
  └ 塩 ………………………… 小さじ⅙

B ┌ だし ………………………… 3カップ
  │ しょうゆ・みりん …各大さじ½
  └ 塩 ………………………… 小さじ⅓

1 油揚げは大きめの短冊切りにする。小松菜は10cm長さに切り、えのきは石づきを除いて細かくほぐす。
2 Aはよく練り混ぜる。
3 Bをなべに入れて煮立て、**2**をスプーンですくい落として煮、中まで火を通す。
4 1を加えて煮ながら食べる。

1人分
鉄 3.3mg
たんぱく質 20.1g　ビタミンC 32mg
エネルギー 256kcal　塩分 2.5g

豆腐とザーサイのスープ煮

材料[2人分]
- ▶▶ もめん豆腐 ……… ½丁
- ▶▶ 鶏もも肉 ………… 100g
- 青梗菜 ……………… 150g
- ▶ ザーサイ(薄切り) …… 30g
- 油 ………………… 大さじ½
- A
  - 塩 ……………… 小さじ⅕
  - こしょう ………… 少量
  - 顆粒ブイヨン …… 小さじ½
  - 水 ……………… 1カップ
- B
  - かたくり粉 ……… 大さじ½
  - 水 ……………… 大さじ1

1 豆腐と鶏肉は食べやすい大きさに切り、青梗菜は5cm長さに切って根元は8つに割る。ザーサイは薄切りにし、塩抜きする。
2 なべに油を熱し、鶏肉を入れていため、肉の色が変わったらAを加えて煮、アクを除き、ザーサイと豆腐を加えて鶏肉に火が通るまで煮る。
3 青梗菜を加え、しんなりしたらBでとろみをつける。

1人分 鉄 2.2mg たんぱく質 13.9g ビタミンC 20mg エネルギー 201kcal 塩分 2.2g

納豆と豆腐のチャンプルー

材料[2人分]
- ▶▶ もめん豆腐 ………… 1丁
- にら(3cm長さに切る) ……… 30g
- ▶▶ 納豆 ……………… 50g
- しょうゆ ………… 小さじ½
- ▶▶ サクラエビ ……… 大さじ2
- ▶▶ 卵(割りほぐす) ……… 1個
- 油 ………………… 大さじ1
- A
  - しょうゆ ……… 小さじ1
  - 塩 ……………… 小さじ⅓
  - 酒 ……………… 大さじ½

1 豆腐はペーパータオルで包み、電子レンジ(600W)で3分加熱する。
2 納豆としょうゆは混ぜる。
3 フライパンに油を熱し、豆腐をちぎって加え、色づいたらとり出す。
4 3のフライパンに2を加え、粘りけが少なくなるまでいため、サクラエビ、にらの順に加えていため、豆腐を戻し入れる。
5 Aを加え混ぜ、卵を流し入れて大きく混ぜ、好みのかたさに火を通す。

1人分 鉄 2.9mg たんぱく質 19.7g ビタミンC 3mg エネルギー 271kcal 塩分 1.5g

▶鉄が多い食材 ▶たんぱく質が多い食材 ▶ビタミンCが多い食材

Fe + たんぱく質 ビタミンC
貧血が気になる人の

厚揚げのオイスターカレー煮

材料[2人分]
▶▶ 厚揚げ(油抜きする)……1/2枚
▶▶ 牛もも薄切り肉
　(食べやすい大きさに切る)‥100g
ねぎ(斜め薄切り)…………1/4本
にんじん(せん切り)………30g
さやいんげん(ゆでる)……10本
カレー粉……………………小さじ1
油……………………………大さじ1/2
A ┌ しょうゆ………大さじ1 1/4
　│ 酒・オイスターソース
　│ …………………各大さじ1
　│ 砂糖……………大さじ2/3
　└ 水………………1カップ

1 厚揚げは縦半分に切って5mm幅に切る。いんげんは3mm幅の斜め切りにする。
2 なべに油を熱し、牛肉を入れていため、肉の色が変わったら、ねぎ、にんじん、厚揚げ、カレー粉の順に加えていためる。
3 全体に油がまわったらAを加えて煮立て、火を弱めて15〜20分味がなじむまで煮る。
4 器に盛り、いんげんを散らす。

1人分
鉄 3.3mg
たんぱく質 18.8g　ビタミンC 5mg
エネルギー 283kcal　塩分 2.5g

▶ 鉄が多い食材　▶ たんぱく質が多い食材　▶ ビタミンCが多い食材

油揚げとはるさめのピリ辛煮

材料[2人分]
- ▶▶ 油揚げ(油抜きする)……1枚
- ▶▶ ほうれん草(ゆでる)……120g
- ▶ はるさめ……………乾10g
- ▶ きくらげ……………乾3g
- A ┌ 豆板醤・顆粒ブイヨン
  │　　…………各小さじ½
  │ 塩………………小さじ⅙
  │ こしょう……………少量
  └ 水………………1カップ

1 油揚げは6等分に切る。ほうれん草は3cm長さに切る。
2 はるさめは熱湯でもどし、湯をきって食べやすい長さに切る。きくらげはもどして石づきを除く。
3 なべにAを煮立て、油揚げ、きくらげ、はるさめ、ほうれん草の順に加えてひと煮する。

1人分 鉄 2.2mg　たんぱく質 3.4g　ビタミンC 21mg　エネルギー 73kcal　塩分 1.1g

ごま風味豆腐スープ

材料[2人分]
- ▶▶ もめん豆腐(一口大に切る)
  　…………………½丁
- わかめ(一口大に切る)
  　………………もどして30g
- A ┌ 顆粒ブイヨン……小さじ½
  │ 塩………………小さじ¼
  │ こしょう……………少量
  └ 水……………1½カップ
- ▶ 糸三つ葉(1cm長さに切る)…15g
- ▶ いり白ごま………大さじ½

なべにAを入れて煮立たせ、豆腐とわかめを加えてひと煮し、器に盛り、三つ葉とごまを散らす。

1人分 鉄 1.1mg　たんぱく質 5.8g　ビタミンC 1mg　エネルギー 72kcal　塩分 1.3g

ザーサイ冷ややっこ

材料[2人分]
- ▶▶ もめん豆腐…………1丁
- ねぎ(小口切り)……………⅕本
- ▶ ザーサイ(せん切り)……20g
- A ┌ しょうゆ・酢…各大さじ1
  │ ごま油…………大さじ½
  └ 砂糖……………小さじ⅓

豆腐は手であらくくずして器に盛り、ねぎ、ザーサイをのせ、混ぜ合わせたAをかける。

1人分 鉄 1.8mg　たんぱく質 10.9g　ビタミンC 1mg　エネルギー 151kcal　塩分 2.7g

油揚げと小松菜のみそ汁

材料[2人分]
- ▶▶ 油揚げ(油抜きする)……½枚
- ▶▶ 小松菜(ゆでる)………100g
- ▶▶ 煮干し……………………15g
- みそ………………………大さじ1½
- 水…………………………1½カップ

1 油揚げは短冊切りにする。小松菜は3cm長さに切る。煮干しは頭と内臓を除く。
2 なべに水と煮干しを入れて煮立て、油揚げを加える。みそをとき入れ、小松菜を加えてひと煮する。

1人分 | 鉄 3.5mg たんぱく質 8.3g ビタミンC 20mg エネルギー 76kcal 塩分 2.1g

高菜漬けと切り干し大根入り納豆

材料[2人分]
- ▶▶ ひき割り納豆………50g
- ▶▶ 高菜漬け……………50g
- ▶ 切り干し大根(もどす)‥乾10g
- しょうゆ………………小さじ1
- ▶ いり白ごま……………小さじ⅓

1 高菜はみじん切りにし、切り干しは食べやすい長さに切る。
2 1、納豆、しょうゆを混ぜ合わせて器に盛り、ごまをふる。

1人分 | 鉄 1.8mg たんぱく質 5.5g ビタミンC 8mg エネルギー 70kcal 塩分 1.3g

納豆とろろ汁

材料[2人分]
- ▶▶ ひき割り納豆………50g
- 大和芋(皮は除く)………120g
- だし……………1½カップ
- しょうゆ…………小さじ1
- 塩………………小さじ⅕
- ▶▶ 小ねぎ(小口切り)……適量

1 だしはしょうゆと塩で調味し、納豆を加え混ぜる。
2 大和芋は、すりおろす。
3 2に少量ずつ1を加えて混ぜ合わせる。器に盛り、小ねぎを散らす。

1人分 | 鉄 1.1mg たんぱく質 7.6g ビタミンC 5mg エネルギー 119kcal 塩分 1.2g

レンズ豆とじゃが芋とハムのいため物

材料 [2人分]
- レンズ豆の水煮缶詰め ‥ 50g
- じゃが芋 ……………… 1個
- ハムの薄切り ………… 2枚
- クレソン ……………… 10g
- 油 ……………………… 大さじ1
- A [塩 ……………… 小さじ¼
      こしょう ………… 少量]

1 じゃが芋は拍子木切りにして水につけてアクを除く。ハムはせん切りにし、クレソンは食べやすい長さにちぎる。
2 フライパンに油を熱し、水けをきったじゃが芋を入れていため、全体に油がまわったら、ハムとレンズ豆を加えていためる。
3 Aを加え、味をからめながらいため、クレソンを加えてさっといためる。

1人分
鉄 1.3mg
たんぱく質 6.5g　ビタミンC 29mg
エネルギー 169kcal　塩分 1.2g

Fe 貧血が気になる人の
＋たんぱく質
ビタミンC

▶鉄が多い食材　▶たんぱく質が多い食材　▶ビタミンCが多い食材

Fe ＋ たんぱく質 ビタミンC

貧血が気になる人の

枝豆入り八宝菜

材料［2人分］

- ▶ むきエビ（背わたを除く）……100g
  - 塩……………………………少量
  - 酒…………………………大さじ½
- ▶ イカ………………………………100g
- 白菜…………………………………150g
- にんじん……………………………20g
- ▶▶ 枝豆（ゆでる）さやから出して30g
- ▶ きくらげ（もどす）…………乾3g
- 油…………………………………大さじ½
- A ┌ 水……………………………¼カップ
    └ 顆粒ブイヨン………………小さじ½
- B ┌ 酒……………………………大さじ½
    │ 塩……………………………小さじ¼
    └ こしょう……………………少量
- C ┌ かたくり粉…………………小さじ1
    └ 水……………………………小さじ2

1 エビは塩と酒をふり、イカは鹿の子に切り目を入れ、一口大に切る。

2 白菜は3cm長さのそぎ切りにし、にんじんは短冊切りにする。きくらげは石づきを除く。

3 フライパンに油を熱し、エビとイカを入れていため、エビの色が変わったら白菜、にんじん、きくらげの順に加えていため る。

4 Aを加えて煮立て、Bと枝豆を加え混ぜ、Cを加えてとろみをつける。

1人分
鉄 1.3mg
たんぱく質 20.9g　ビタミンC 19mg
エネルギー 164kcal　塩分 2.0g

▶鉄が多い食材　▶たんぱく質が多い食材　▶ビタミンCが多い食材

菜の花とスモークサーモンのクリームパスタ

材料［2人分］
- ▶▶ 菜の花(ゆでる)……… 200g
- ▶ スモークサーモン…… 4枚
- 生しいたけ…………… 2枚
- ねぎ…………………… ½本
- 油……………………… 大さじ1
- 牛乳…………………… ⅔カップ
- ▶ 粉チーズ…………… 大さじ2
- 塩……………………… 小さじ½
- こしょう……………… 少量
- スパゲティ…………… 乾120g

1 菜の花は3cm長さに切る。サーモンは3～4等分に切る。
2 しいたけは石づきを除いて薄切り、ねぎは短冊切りにする。
3 フライパンに油を熱し、2を入れていため、牛乳、半量の粉チーズ、塩、こしょうを加えて煮、半量くらいに煮つめ、菜の花を加えてひと煮する。
4 スパゲティは塩少量(分量外)を加えた沸騰湯でかためにゆで、湯をきって3に加え混ぜる。サーモンを加えて手早く混ぜる。
5 器に盛り、残りの粉チーズをふる。

1人分
鉄 4.2mg
たんぱく質 27.9g　ビタミンC 134mg
エネルギー 464kcal　塩分 3.3g

青菜と油揚げのごまいため

材料［2人分］
- ▶ つるむらさき………… 150g
- ▶▶ 油揚げ……………… 1枚
- ▶▶ 鶏胸肉(皮なし)……… 100g
- 塩・こしょう………… 各少量
- ▶ きくらげ…………… 乾適量
- 油……………………… 大さじ1
- A ┌ 酒…………………… 大さじ½
- 　├ 塩…………………… 少量
- 　└ しょうゆ…………… 小さじ1
- ▶ いり白ごま………… 大さじ½

1 つるむらさきは3cm長さに切って塩・油各少量(分量外)を加えた沸騰湯でゆで、湯をきる。きくらげはもどして石づきを切り除く。
2 油揚げと鶏肉は食べやすい大きさに切り、鶏肉には塩とこしょうをふる。
3 フライパンに油を熱して鶏肉をいため、八分どおり火が通ったら油揚げ、きくらげ、つるむらさきの順にいため、全体に油がまわったらAとごまを加え、汁けをとばしながらいためる。

1人分
鉄 1.7mg
たんぱく質 14.4g　ビタミンC 32mg
エネルギー 180kcal　塩分 1.2g

Fe + たんぱく質 ビタミンC

貧血が気になる人の

春菊と豆腐の
とんぶりソースサラダ

材料 [2人分]
- 春菊(葉のやわらかい部分)‥50g
- もめん豆腐…………2/3丁
- A
  - とんぶり……大さじ2
  - ちりめんじゃこ
      ………………大さじ1
  - 酢・油………各大さじ1½
  - しょうゆ………大さじ1
  - 砂糖…………小さじ1/3
- 小ねぎ(小口切り) 適量

1 春菊は水に放ってパリッとさせ、水けをきる。豆腐は食べやすい大きさに切る。
2 1を器に盛り、混ぜ合わせたAをかける。

1人分
鉄 1.8mg
たんぱく質 8.5g　ビタミンC 6mg
エネルギー 181kcal　塩分 1.4g

フランクフルトと
ほうれん草のソテー

材料 [2人分]
- ほうれん草(ゆでる)…150g
- フランクフルト………2本
- 玉ねぎ………………1/4個
- 油………………大さじ½
- A
  - ケチャップ……大さじ½
  - 塩………………小さじ1/4
  - こしょう…………少量

1 ほうれん草は3cm長さに切り、玉ねぎは薄切りにする。
2 ソーセージは鹿の子に切り目を入れ、食べやすい大きさの斜め切りにする。
3 フライパンに油を熱し、ソーセージを軽くいため、玉ねぎを加えていため、油がまわったらほうれん草とAを加え、味をからめながらいためる。

1人分
鉄 2.0mg
たんぱく質 8.3g　ビタミンC 34mg
エネルギー 206kcal　塩分 1.8g

そば粉入りイタリア風お焼き

材料［3人分］

A ┌ ▶▶ そば粉 ……………… 50g
  │ 薄力粉 ……………… 20g
  │ 砂糖 ………………… 小さじ2
  └ 塩 …………………… 小さじ½

B ┌ ▶ 卵 ………………… 2個
  └ 水 …………………… ½カップ

▶ ハムの薄切り ………… 3枚
▶ とろけるチーズ ……… 50g
▶ クレソン（食べやすい長さにちぎる）
  …………………………… 20g
油 ……………………… 大さじ1

1 Aを合わせてボールにふるい入れ、混ぜ合わせたBを加えてよく混ぜ、油半量を加える。

2 残りの油の⅓量をフライパンに熱し、**1**の⅓量を流し入れ、フライパン全体にまわるように薄くのばし、生地がかわききらないうちに、中央にハムとチーズを各⅓量ずつのせ、四方を中心に向かって折りたたむ。

3 両面をこんがりと焼き、器に盛ってクレソンをのせる。

1人分	鉄 1.3mg
	たんぱく質 14.3g　ビタミンC 12mg
	エネルギー 286kcal　塩分 1.8g

ブロッコリーとチーズの和風スクランブルエッグ

材料［2人分］

▶▶ ブロッコリー
  （小房に分けてゆでる）…… 100g
┌ ▶▶ 卵 ………………… 2個
│ ▶ プロセスチーズ ……… 30g
│ わかめ ……… もどして30g
└ 塩・こしょう ……… 各少量
油 ……………………… 大さじ1
しょうゆ ……………… 小さじ½

1 チーズは角切りにし、わかめは食べやすい長さに切る。

2 卵は割りほぐし、**1**、塩、こしょうを加え混ぜる。

3 フライパンに油を熱し、ブロッコリーをいため、しょうゆで調味し、**2**を流し入れてスプーンで大きくかき混ぜながら好みのかたさに火を通す。

1人分	鉄 1.6mg
	たんぱく質 12.1g　ビタミンC 60mg
	エネルギー 201kcal　塩分 1.5g

▶ 鉄が多い食材　▶ たんぱく質が多い食材　▶ ビタミンCが多い食材

貧血が気になる人の
Fe + たんぱく質 ビタミンC

切り干し大根の高菜煮

材料[2人分]
- 切り干し大根
  …(もどして3cm長さに切る)乾20g
- 高菜漬け(みじん切り)… 50g
- 豚赤身ひき肉……… 50g
- しょうが(せん切り)……½かけ
- ごま油………………大さじ½
- A
  - 酒……………………大さじ1
  - 砂糖…………………大さじ½
  - しょうゆ………………小さじ1

フライパンにごま油としょうがを熱し、香りが立ったら豚ひき肉をいため、肉の色が変わったら切り干し、高菜漬けを加えていため、ひたひたの水とAを加え、10〜15分煮る。

1人分
- 鉄 1.7mg
- たんぱく質 6.7g ビタミンC 8mg
- エネルギー 129kcal 塩分 2.0g

小松菜のザーサイいため

材料[2人分]
- 小松菜(ゆでて3cm長さに切る)
  …………………… 150g
- ザーサイ(薄切り)……… 20g
- 油………………………大さじ½
- しょうゆ………………小さじ½
- 酒………………………大さじ½

フライパンに油を熱し、小松菜とザーサイを加えていため、全体に油がまわったらしょうゆと酒を加え、味をからめながらいためる。

1人分
- 鉄 2.4mg
- たんぱく質 1.5g ビタミンC 29mg
- エネルギー 46kcal 塩分 1.6g

枝豆ごはん

材料[2人分]
- ごはん………………… 300g
- 枝豆(ゆでて薄皮を除く)
  さやを除いて………½カップ
- ハムの薄切り(5mm角切り)… 2枚
- 玉ねぎ(みじん切り)………⅛個
- バター…………………大さじ1
- 塩………………………小さじ½

バターを熱したフライパンに玉ねぎを入れていため、透き通ってきたらハムを加えていためる。ごはんと枝豆を加えていため、塩で味をととのえる。

1人分
- 鉄 1.2mg
- たんぱく質 11.3g ビタミンC 20mg
- エネルギー 388kcal 塩分 1.9g

サニーレタスとトマトのじゃこあえ

材料[2人分]
- サニーレタス(食べやすい
  大きさにちぎる)………… 4枚
- トマト(くし形切り)……小1個
- A
  - ちりめんじゃこ
    …………………大さじ2
  - 酢……………………大さじ1
  - 砂糖・ごま油…各小さじ⅔
  - しょうゆ………………小さじ1
  - 塩……………………少量

サニーレタスとトマトを混ぜ合わせたAであえ、器に盛る。

1人分
- 鉄 1.6mg
- たんぱく質 2.4g ビタミンC 18mg
- エネルギー 46kcal 塩分 0.9g

アサリとほうれん草の煮浸し

材料[2人分]
- ▶▶ ほうれん草(ゆでて3cm長さに切る)……………200g
- ▶▶ アサリ水煮缶詰め……20g
- A [水……………½カップ
     しょうゆ・みりん……………各大さじ⅔]

なべにAを入れて煮立て、ほうれん草と汁けをきったアサリを加えてひと煮する。

1人分
鉄 5.9mg　たんぱく質 4.7g　ビタミンC 35mg　エネルギー 50kcal　塩分 1.0g

ひじきと根菜のきんぴら

材料[2人分]
- ごぼう(斜め薄切り)………¼本
- ▶ れんこん(輪切り)……75g
- にんじん(短冊切り)………30g
- ▶ 生ひじき……………80g
- 油……………大さじ1
- A [しょうゆ・みりん……………各大さじ⅔]

1 ごぼうとれんこんはそれぞれ水につけてアクを除く。
2 ひじきはざるに入れて水洗いし、水けをきる。
3 なべに油を熱し、ごぼう、れんこん、にんじんを入れていため、野菜の端が透明になってきたらひじきを加えていため、油がまわったらAを加え、汁けをとばしながらいためる。

1人分
鉄 3.6mg　たんぱく質 2.3g　ビタミンC 19mg　エネルギー 127kcal　塩分 1.1g

小松菜と枝豆のナムル

材料[2人分]
- ▶▶ 小松菜(ゆでて3cm長さに切る)……………150g
- ▶▶ 枝豆(ゆでる)……………さやから出して30g
- A [しょうゆ………大さじ½
     一味とうがらし……少量
     ごま油…………小さじ1]

小松菜と枝豆を混ぜ合わせたAであえ、器に盛る。

1人分
鉄 2.6mg　たんぱく質 3.2g　ビタミンC 33mg　エネルギー 53kcal　塩分 0.7g

かんたんスイートポテト

材料[2人分]
- さつま芋(皮をむき、水にさらす)……………200g
- ▶ 黒砂糖……………大さじ3
- ▶▶ 卵……………½個
- 牛乳……………½カップ
- シナモン……………少量

1 さつま芋はやわらかくゆで、湯をきってマッシャーなどでつぶす。
2 黒砂糖、卵、牛乳の順に加えてそのつどよく混ぜる。
3 なべに移して弱火にかけ、なべ底から混ぜ、すくうとぽってりと落ちるくらいまで水分をとばしてシナモンをふり混ぜる。

1人分
鉄 0.8mg　たんぱく質 2.4g　ビタミンC 15mg　エネルギー 117kcal　塩分 0.1g

▶鉄が多い食材　▶たんぱく質が多い食材　▶ビタミンCが多い食材

貧血が気になる人のための
Fe + たんぱく質 ビタミンCの
常備菜&アレンジ料理

鶏レバーはレバーの中でもっともくせがありません。しっかり血抜きをし、香味野菜とゆでればレバーが苦手な人でも食べやすくなります。密閉容器に入れて冷蔵庫で5〜6日間保存できます。

レバーの甘辛煮

材料 [6人分]
- ▶▶鶏レバー ………… 450g
- A [ねぎの青い部分・しょうがの皮 ……… 各適量
- ねぎ(ぶつ切り) ………… 1本
- しょうが(薄切り) ………… 1かけ
- B [しょうゆ ………… 大さじ2½
-    水 ………… 1カップ強
-    砂糖・酒 ………… 各大さじ2

1 レバーは流水に20分つけ、一口大に切り、Aを加えた沸騰湯でゆでてアクを除き、湯をきる。
2 なべにB、ねぎ、しょうがを入れて煮立て、1を加え、汁けがほとんどなくなるまで煮る。

1人分
- 鉄 6.9mg
- たんぱく質 14.9g　ビタミンC 17mg
- エネルギー 111kcal　塩分 1.2g

アレンジ A

レバーとほうれん草のサラダ

材料 [2人分]
- ▶▶レバーの甘辛煮 ………… ⅓量
- ▶ ほうれん草(ゆでる) ……… 100g
- ▶ 赤ピーマン(せん切り) ……… ½個
- A [酢・しょうゆ …… 各大さじ⅔
-    油 ………… 大さじ½
-    砂糖 ………… 小さじ⅓

3cm長さに切ったほうれん草、赤ピーマン、レバーの甘辛煮をあえて器に盛り、混ぜ合わせたAをかける。

1人分
- 鉄 8.1mg
- たんぱく質 16.5g　ビタミンC 47mg
- エネルギー 158kcal　塩分 2.1g

▶鉄が多い食材　▶たんぱく質が多い食材　▶ビタミンCが多い食材

arrange B

アレンジ

レバー入り生春巻き

材料 [2人分]

▶▶レバーの甘辛煮 ………… 1/4量
大根(せん切り) ……………… 100g
にら(3cm長さに切る) …………… 30g
にんじん(せん切り) …………… 20g
A ┌ ナンプラー ………… 大さじ1/2
　├ 砂糖・酒 ………… 各小さじ1
　└ 豆板醬 ……………………少量
ライスペーパー(もどす) ……… 4枚
▶サンチュ …………………… 2枚

1 大根とにんじんはそれぞれ塩少量(分量外)をふり、しんなりしたら水洗いし、水けを絞って混ぜ合わせる。
2 ライスペーパーは霧吹きで水をかけてもどし、レバーの甘辛煮と野菜を等分にのせて巻き、半分に切る。
3 器にサンチュを敷き、2を盛り、混ぜ合わせたAをつけて食べる。

1人分
鉄 7.1mg
たんぱく質 16.2g　ビタミンC 25mg
エネルギー 241kcal　塩分 2.0g

レバーとにんにくのチャーハン

材料 [2人分]

▶▶レバーの甘辛煮 ………… 1/3量
青梗菜 ………………………… 100g
にんにく(薄切り) …………… 1かけ
油 …………………………… 大さじ1
A ┌ ▶▶卵(割りほぐす) ……… 1個
　└ 塩・こしょう ………… 各少量
B ┌ しょうゆ ………… 大さじ1/2
　├ 塩 ………………… 小さじ1/3
　└ こしょう …………………少量
温かいごはん ………………… 400g

1 青梗菜は2cm長さに切り、根元は6〜8つに割る。
2 半量の油を熱したフライパンに混ぜ合わせたAを入れ、スプーンで大きく混ぜて半熟状にし、とり出す。
3 残りの油とにんにくを入れ、にんにくがきつね色になったらとり出す。
4 ごはんを加えていため、レバーの甘辛煮、B、1、2を加えていため、器に盛り、3を散らす。

1人分
鉄 8.3mg
たんぱく質 23.9g　ビタミンC 29mg
エネルギー 554kcal　塩分 3.2g

arrange C

アレンジ

117

妊娠中の人の食生活アドバイス

妊娠期、授乳期は鉄の所要量がぐんと多くなるため、食生活に配慮が必要です。
必要な鉄の所要量や気をつけたい食生活のポイントをまとめました。

1 鉄、カルシウムを充分にとりましょう

妊娠中に所要量が特に多くなるのが、鉄とカルシウムです。鉄は非妊娠時の所要量の12mgより8mg多い20mgに、カルシウムは非妊娠時の所要量である600mgに妊娠時は300mg、授乳期には500mgがプラスされます。どちらの栄養素も、日ごろから不足しやすいのでかなり気をつけないととりきれません。

妊娠5〜6週から4〜5か月にかけて見られる一過性の悪心・嘔吐をつわりといいます。この時期の胎児はまだ小さいので、気分が悪くて食べられないからといって胎児の成長にそれほど大きな影響はありません。あせらずに、食べたいときに食べたい分、食べるようにするといいでしょう。つわりが終わったら、本格的に食事のコントロールを始めましょう。赤ちゃんを1人出産すると、妊娠中、授乳中に鉄が大量に消費されるため元の状態まで回復するにはきちんと鉄をとっても2〜3年はかかります。2人目を出産する場合には、さらに注意が必要です。貧血の予防にはビタミンB_6や葉酸が必要ですので、これらの所要量も多くなります。

advice

2 体重をコントロールしましょう

正常妊娠、分娩のためには、体重のコントロールがとてもたいせつです。妊娠中の適切な体重増加は表の通りです。
体重の増えすぎは、妊娠中毒や異常分娩の原因になります。妊娠中のエネルギーは非妊娠時のエネルギーより350kcal多くし、授乳期は600kcal多くします。この時期はすわっていることが多くなるので、食べすぎになりがちです。特に妊娠後期は体が重くなり、おなかがすいてくるので、前期から食べすぎない食習慣を身につけておきましょう。

BMI	体重増加範囲
18以下	10～12kg増
18～24以下	7～10kg増
24以上	5～9kg増

＊BMI値の算出方法
BMI＝体重(kg)÷身長(m)^2

3 塩分は控えめに

妊娠後期になると、妊娠中毒が出やすくなります。その予防のために1日の塩分摂取量は10g以下を守り、妊娠中毒の兆しが少しでも現れたら、さらに塩分を少なくしていきます。

4 食物繊維をたっぷりとりましょう

妊娠中は便秘に悩む人が多くなります。食物繊維をたっぷりとり、朝食をしっかりとり、トイレに行くリズムをつけておきましょう。

カルシウムたっぷり食品

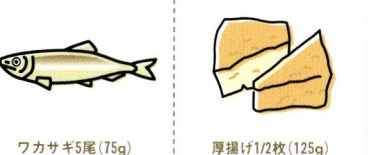

ワカサギ5尾(75g) カルシウム 338mg
厚揚げ1/2枚(125g) カルシウム 300mg
牛乳1カップ(210g) カルシウム 231mg

プレーンヨーグルト1カップ(210g) カルシウム 252mg

葉酸たっぷり食品

鶏レバー80g 葉酸 1040μg
菜の花80g 葉酸 272μg 
モロヘイヤ80g 葉酸 200μg 

ほうれん草80g 葉酸 168μg　枝豆50g 葉酸 160μg　京菜50g 葉酸 70μg

妊娠中の人の Fe + カルシウム 葉酸

1日献立＆おかず

妊娠、授乳中の食事は鉄だけでなくカルシウム、葉酸、ビタミンA、Dなどの所要量が多くなり、そのわりにエネルギーは増やせないむずかしさがあります。常備菜を活用したり、それぞれの栄養素を多く含む素材をじょうずに組み合わせることが必要です。

緑の野菜とアサリのいため物が主菜の献立

緑の野菜とアサリのいため物

材料[2人分] ▶▶ほうれん草150g ▶ブロッコリー100g ▶アサリの水煮缶詰め30g しょうが½かけ 油大さじ1 A[しょうゆ・酒各大さじ½]

フライパンに油とせん切りにしたしょうがを入れて熱し、汁けをきったアサリとゆでて3cm長さに切ったほうれん草と小房に分けてゆでたブロッコリーを加えていため、Aを加えて汁けをとばしながらいためる。

| 1人分 | 鉄7.8mg カルシウム74mg 葉酸266μg エネルギー112kcal 塩分0.9g |

MENUのレシピ●●●

冷ややっこのとんぶりじゃこソース（129ページ）

| 1人分 | 鉄1.4mg カルシウム136mg 葉酸29μg エネルギー133kcal 塩分1.1g |

ひじきと切り干し大根の当座煮（145ページ）

| 1人分 | 鉄6.0mg カルシウム206mg 葉酸34μg エネルギー168kcal 塩分1.2g |

ブルーベリーヨーグルト

材料[2人分] プレーンヨーグルト1½カップ ブルーベリージャム（低糖タイプ）大さじ2 ミント適量

| 1人分 | 鉄0mg カルシウム189mg 葉酸18μg エネルギー139kcal 塩分0.2g |

Feたっぷり献立バリエ

ハムと豆のチーズリゾット（124ページ）
ひじきと枝豆のマリネ（147ページ）
ヨーグルトガスパチョ（149ページ）

ハマグリのコーンクリーム煮（135ページ）
レンズ豆とサニーレタスのサラダ（137ページ）
モロヘイヤ入りきな粉ミルク（167ページ）
パン

朝食
BREAKFAST

MENU
Fe＋カルシウム・葉酸
緑の野菜とアサリのいため物
冷ややっこのとんぶりソース(128ページ)
ひじきと切り干し大根の当座煮(144ページ)
ごはん[150g]
ブルーベリーヨーグルト

1食分
鉄 15.4mg
カルシウム 610mg
葉酸 352μg
エネルギー 804kcal
塩分 3.4g

1食分
鉄 6.4mg
カルシウム 488mg
葉酸 398μg
エネルギー 725kcal
塩分 2.6g

MENU
Fe＋カルシウム、葉酸
エビと菜の花の牛乳卵とじ
枝豆とかぶの葉のいため物(149ページ)
ごはん[150g]
さつま芋のプリン(163ページ)

エビと菜の花の牛乳卵とじ

材料[2人分] [むきエビ100g 塩少量 酒大さじ½] ▶▶▶ 菜の花100g ▶ 卵2個 A[▶ 牛乳¾カップ 酒大さじ½ しょうゆ・砂糖各小さじ2 塩少量]

1 小さめのフライパンに背わたを除いたエビ、塩、酒を入れて火にかけ、エビに八分どおり火を通す。
2 Aを加え、煮立ちかけたらゆでて3cm長さに切った菜の花を加え、割りほぐした卵をまわし入れ、ふたをして弱火にし、半熟状に火を通す。

1人分	鉄 2.6mg
	カルシウム 228mg　葉酸 205μg
	エネルギー 210kcal　塩分 1.8g

● MENUのレシピ ● ● ●

枝豆とかぶの葉のいため物(149ページ)

1人分	鉄 2.4mg
	カルシウム 203mg　葉酸 148μg
	エネルギー 92kcal　塩分 0.7g

さつま芋のプリン(163ページ)

1人分	鉄 1.2mg
	カルシウム 52mg　葉酸 40μg
	エネルギー 171kcal　塩分 0.1g

LUNCH 昼食

エビと菜の花の牛乳卵とじが主菜の献立

Feたっぷり献立バリエ

納豆とモロヘイヤのおろしそば(125ページ)
大豆とじゃこのおろしあえ(150ページ)
きな粉入り水ようかん(162ページ)

▶ 鉄が多い食材　▶ カルシウムが多い食材　▶ 葉酸が多い食材

牛レバーステーキが主菜の献立

夕食 DINNER

Feたっぷり献立バリエ

山芋とチーズの牛肉巻き(128ページ)
オクラとじゃこのサラダ(148ページ)
アサリのミルクみそ汁(150ページ)
ごはん

牛レバーステーキ

材料[2人分] ▶▶ 牛レバー75g×2枚 塩小さじ⅙ こしょう少量 玉ねぎ30g にんにく½かけ A[トマトの水煮缶詰め200g ロリエ½枚 砂糖小さじ1 顆粒ブイヨン小さじ½] 塩小さじ⅙ こしょう少量 オリーブ油大さじ1 ▶ とろけるチーズ20g ディル適量

1 なべに半量の油とにんにくのみじん切りを入れて弱火にかけ、玉ねぎのみじん切りを加えていためる。Aを加えて5～10分程煮、塩とこしょうで調味し、チーズを加える。
2 フライパンに残りの油を熱し、血抜きをして塩とこしょうをふったレバーを入れて中まで火を通し、器に盛り、1をかけ、ディルを添える。

1人分
鉄 3.5mg
カルシウム 89mg 葉酸 777μg
エネルギー 231kcal 塩分 1.7g

MENUのレシピ●●●

いろいろ豆サラダ(59ページ参照)

1人分
鉄 1.7mg
カルシウム 69mg 葉酸 66μg
エネルギー 180kcal 塩分 0.7g

ヨーグルトガスパチョ(149ページ参照)

1人分
鉄 0.3mg
カルシウム 214mg 葉酸 37μg
エネルギー 115kcal 塩分 0.7g

MENU

Fe＋カルシウム、葉酸

牛レバーステーキ
いろいろ豆サラダ(59ページ)
ヨーグルトガスパチョ(149ページ)
ひじきとチーズのスパゲティ(134ページ)
オレンジ

1食分
鉄 5.7mg
カルシウム 390mg
葉酸 906μg
エネルギー 561kcal
塩分 3.1g

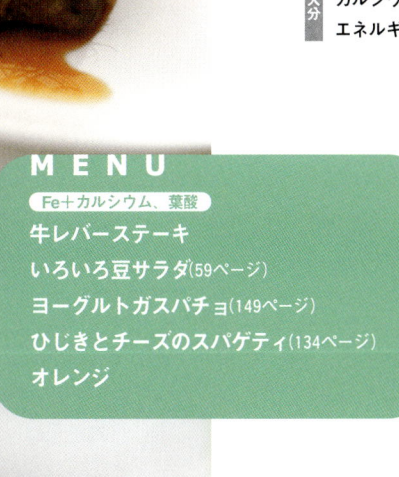

Fe + カルシウム 葉酸 妊娠中の人の

ハムと豆の
チーズリゾット

材料 [2人分]

米‥‥‥‥‥‥‥‥‥‥‥⅓カップ
バター‥‥‥‥‥‥‥‥‥大さじ1
A ┌ 水‥‥‥‥‥‥‥‥‥‥½カップ
　└ 顆粒ブイヨン‥‥‥‥小さじ½
▶ 牛乳‥‥‥‥‥‥‥‥‥1½カップ
B ┌ ▶ グリーンピース（ゆでる）
　│ 　‥‥‥‥さやから出して50g
　└ ▶ レンズ豆の水煮缶詰め
　　　（洗って水けをきる）‥‥‥50g
にんにく（みじん切り）‥‥‥‥½かけ
玉ねぎ（みじん切り）‥‥‥‥‥¼個
塩‥‥‥‥‥‥‥‥‥‥‥小さじ⅓
▶ とろけるチーズ‥‥‥‥‥20g
▶ 粉チーズ‥‥‥‥‥‥大さじ1
ハムの薄切り（5mm角に切る）‥‥‥2枚

1 Aは小なべで温める。

2 なべにバターとにんにくを入れて火にかけ、香りが立ったら玉ねぎを加えていため、米を加えて焦がさないようにいためる。全体に油がまわったらAを加える。

3 かき混ぜながら煮立たせ、水分がなくなりかけたら、牛乳を¼〜⅓量加えてかき混ぜる。水分がなくなるたびにこれをくり返す。

4 全体で弱火で15分程煮、Bを加えてひと煮し、塩ととろけるチーズを加え混ぜる。器に盛り、ハムと粉チーズを散らす。

1人分
鉄 1.8mg
カルシウム 304mg　葉酸 43μg
エネルギー 411kcal　塩分 2.4g

124　▶鉄が多い食材　▶カルシウムが多い食材　▶葉酸が多い食材

そら豆とチーズの焼き春巻き

材料[2人分]

A ┌ むきエビ……………12尾
　├ 塩………………小さじ1/6
　├ 酒………………大さじ2/3
　└ かたくり粉………小さじ1
▶▶ そら豆(ゆでて半分に割る)
　………さやから出して12粒
▶ プロセスチーズ…………40g
春巻きの皮(半分に切る)……4枚
油…………………………大さじ3
塩………………………小さじ1/4

1 チーズは7mm太さの拍子木切りにする。エビはAの残りをからませる。
2 春巻きの皮1枚に**1**、そら豆の各1/8量を細長く並べ、皮の左右を折り込みながら巻き、巻き終わりを水でといた小麦粉(分量外)で止める。同様に7個作る。
3 フライパンに油を熱し、**2**を入れて揚げ焼きにする。焼きたてに塩をふって食べやすい大きさに切り、器に盛る。

1人分
鉄 1.0mg
カルシウム 196mg　葉酸 49μg
エネルギー 415kcal　塩分 2.2g

納豆とモロヘイヤのおろしそば

材料[2人分]

そば……………………乾100g
┌ ▶▶ 納豆……………100g
└ しょうゆ…………大さじ2
▶▶ モロヘイヤ(ゆでる)
　………………………100g
おろし大根………………200g
▶ ちりめんじゃこ……大さじ2

1 納豆はしょうゆを加えて混ぜ合わせる。モロヘイヤは2cm長さに切る。
2 そばは表示の通りにゆで、水にとってさまし、水けをきる。
3 そばを器に盛り、おろし大根、**1**をのせ、じゃこを散らす。

1人分
鉄 3.8mg
カルシウム 140mg　葉酸 232μg
エネルギー 298kcal　塩分 2.9g

Fe 妊娠中の人の ＋カルシウム 葉酸

レンズ豆入りハンバーグ

材料[2人分]
- ▶ 牛赤身ひき肉……………150g
- ▶ レンズ豆の水煮缶詰め
  (汁けをきる)……………50g
- 玉ねぎ(みじん切り)………¼個
- ▶ プロセスチーズ(5mm角に切る)
  ……………………………30g
- A ┌ ▶ とき卵……………½個分
  │ 塩………………小さじ¼
  │ パン粉・牛乳……各大さじ2
  └ こしょう・ナツメグ・各少量
- 油…………………大さじ½
- B ┌ ▶ ほうれん草(3cm長さに
  │   切ってゆでる)………150g
  └ にんじん(せん切りにしてゆでる)
  …………………………10g

1 玉ねぎはラップに包み、電子レンジで3分加熱し、あら熱をとる。
2 ひき肉に玉ねぎ、チーズ、A、レンズ豆を加え、粘りが出るまでよく混ぜ合わせる。半量に分け、空気を抜きながら小判形にまとめる。
3 フライパンに油を熱し、2を入れてこんがりと焼いて中まで火を通し、器に盛る。
4 合わせたBを添える。

1人分 鉄3.9mg カルシウム171mg 葉酸187μg エネルギー337kcal 塩分1.3g

豚レバーのトマトチーズ煮

材料[2人分]
- ┌ ▶ ▶ 豚レバー……………150g
- │ 塩…………………小さじ⅙
- └ こしょう……………少量
- 小麦粉…………………適量
- 玉ねぎ(みじん切り)………30g
- にんにく(みじん切り)……½かけ
- A ┌ トマトの水煮缶詰め(種を除く)
  │   …………………………200g
  │ ロリエ………………½枚
  │ 砂糖………………小さじ1
  └ 顆粒ブイヨン……小さじ½
- 塩………………小さじ⅙
- こしょう………………少量
- オリーブ油……………大さじ1
- ▶ とろけるチーズ………30g
- ディル…………………適量

1 レバーは流水に20分さらし、水けをふいて塩とこしょうをふり、小麦粉を薄くまぶす。
2 フライパンに半量のオリーブ油を熱し、レバーを入れてこんがりと焼き色をつけ、とり出す。
3 残りの油とにんにくを入れて弱火にかけ、香りが立ったら玉ねぎを加えていため、Aを加え、煮立ったら2を加えて弱火で10～15分煮、塩とこしょうで味をととのえ、チーズを加えてとけるまで煮る。
4 器に盛り、ディルを添える。

1人分 鉄10.3mg カルシウム125mg 葉酸635μg エネルギー266kcal 塩分1.8g

グリーンピースとアサリのピラフ

材料[6人分]
米(洗ってざるにあげる)‥‥2カップ
▶ アサリ(砂抜きする)
‥‥‥‥‥‥殻つきで300g
白ワイン‥‥‥‥‥大さじ2
A[しょうゆ‥‥‥‥‥大さじ1
顆粒ブイヨン‥‥‥大さじ½
塩‥‥‥‥‥‥‥‥小さじ¼
水‥‥‥‥‥‥‥1¾カップ]
にんじん(5mm角に切る)‥‥‥‥50g
玉ねぎ(みじん切り)‥‥‥‥‥¼個
しめじ(石づきを除いて小房に分ける)
‥‥‥‥‥‥‥‥‥‥‥120g
にんにく(みじん切り)‥‥‥½かけ
バター‥‥‥‥‥‥‥‥大さじ2
▶ グリーンピース(ゆでる)
‥‥‥‥さやから出して50g

1 なべにアサリとワインを入れて火にかけ、アサリの口が開いたら蒸し汁と分け、蒸し汁はAに加え混ぜる。
2 なべにバターとにんにくを入れて弱火にかけ、玉ねぎを加えていため、にんじんとしめじを加えていためる。
3 全体に油がまわったら、米を加えていため、米が熱くなったら炊飯器に移し入れ、温めたAを加えてひと混ぜし、普通に炊く。炊き上がりにグリーンピースとアサリを加えて蒸らす。

1人分
鉄 1.5mg
カルシウム 24mg 葉酸 23μg
エネルギー 252kcal 塩分 1.5g

牛ひき肉と えのきたけのチンジャオ風

材料[2人分]
▶ 牛赤身ひき肉‥‥‥‥‥100g
▶ えのきたけ(細かくほぐす)‥80g
赤ピーマン(せん切り)‥‥‥1個
▶▶▶ 小松菜
(ゆでて3mm長さに切る)‥‥‥100g
油‥‥‥‥‥‥‥‥‥‥大さじ1
A[オイスターソース
‥‥‥‥‥‥‥‥大さじ⅔
酒‥‥‥‥‥‥‥‥大さじ½
しょうゆ‥‥‥‥‥小さじ1
砂糖‥‥‥‥‥‥‥小さじ¼]

1 フライパンに油を熱し、ひき肉を入れていため、肉の色が変わったらえのき、ピーマン、小松菜の順に加えていためる。
2 油がまわったらAを加えて味をからめながらいため上げる。

1人分
鉄 2.7mg
カルシウム 90mg 葉酸 101μg
エネルギー 193kcal 塩分 1.0g

▶ 鉄が多い食材　▶ カルシウムが多い食材　▶ 葉酸が多い食材

山芋とチーズの牛肉巻き

材料[2人分]

- 牛もも薄切り肉 ……… 150g
- 塩 ……………………… 小さじ1/5
- 酒 ……………………… 小さじ1
- A
  - 長芋(4cm長さのせん切り) …… 80g
  - ▶▶小ねぎ(4cm長さに切る) 5本
  - ▶プロセスチーズ
    (1cm角の拍子木切り) …… 40g
- 油 ……………………… 大さじ1/2
- B
  - しょうゆ・みりん …… 各小さじ1
  - ▶サラダ菜 ……………… 2枚

1 牛肉は塩と酒をふる。
2 1にAをのせて端から巻き、フライパンに熱した油に入れてころがしながら焼き、中まで火を通す。Bを加えてからめる。
3 食べやすい大きさに切って、サラダ菜を敷いた器に盛る。

1人分
鉄 1.6mg
カルシウム 156mg 葉酸 40μg
エネルギー 295kcal 塩分 1.7g

納豆、じゃこ、チーズ入り卵焼き

材料[2人分]

- A
  - ▶卵(割りほぐす) ……… 3個
  - ▶▶ひき割り納豆 …… 50g
  - しょうゆ ……………… 小さじ1
  - ▶▶枝豆(ゆでる)さやから出して
    …………………………… 20g
  - ▶ちりめんじゃこ …… 大さじ2
  - ▶プロセスチーズ(5mm角に切る)
    …………………………… 20g
  - わかめ(一口大に切る)…もどして30g
  - 酒・砂糖 ……………… 各小さじ1
  - 塩 ……………………… 少量
- 油 ……………………… 大さじ1/2
- B
  - おろし大根 …………… 100g
  - ▶▶▶青じそ …………… 2枚

熱した油で混ぜ合わせたAを半熟状に焼く。アルミ箔に包んで形を整え、切り分けてBを添える。

1人分
鉄 2.6mg
カルシウム 153mg 葉酸 116μg
エネルギー 264kcal 塩分 1.5g

チーズパンキッシュ

材料[2人分]

- 食パン(8枚切り) ……… 2枚
- A
  - ▶卵(割りほぐす) ……… 2個
  - ▶牛乳 ………………… 2/3カップ
  - 塩 ……………………… 小さじ1/3
  - ナツメグ ……………… 少量
- ▶▶ほうれん草(ゆでる) …… 100g
- ▶▶オイルサーディン ……… 70g
- プチトマト …………… 4〜5個
- ▶とろけるチーズ ……… 40g

1 食パンは一口大の角切りにし、ほうれん草は3cm長さに切る。プチトマトは縦半分に切る。
2 耐熱容器にオイルサーディンと1を彩りよく盛り、混ぜ合わせたAを流し入れ、チーズを散らす。
3 200〜220度に熱したオーブンで15〜20分焼く。

1人分
鉄 2.8mg
カルシウム 392mg 葉酸 161μg
エネルギー 451kcal 塩分 2.7g

冷ややっこの とんぶりじゃこソース

材料 [2人分]

- ▶▶もめん豆腐 ……………… ⅔丁
- A
  - ▶▶とんぶり・
  - ▶ちりめんじゃこ … 各大さじ2
  - しょうゆ・酢・ねぎのみじん切り
    ……………… 各大さじ⅔強
  - 油 ……………… 大さじ⅔

豆腐は食べやすい大きさに切って器に盛り、混ぜ合わせたAをかける。

1人分
鉄 1.4mg
カルシウム 136mg 葉酸 29μg
エネルギー 133kcal 塩分 1.1g

豆腐ピザ

材料 [2人分]

- ▶▶もめん豆腐 ……………… ⅔丁
- 塩 ……………… 小さじ¼
- こしょう ……………… 少量
- 玉ねぎ(薄切り) ……………… 20g
- ハムの薄切り(短冊切り) ……… 2枚
- ピザソース ……………… 大さじ2
- ▶とろけるチーズ ……………… 30g
- ▶▶▶ルッコラ(食べやすい長さにちぎる)
  ……………… 10g

1 豆腐はキッチンペーパーに包み、電子レンジ(600W)で2分加熱して水きりし、厚みを半分に切って塩とこしょうをふる。
2 豆腐を天板にのせてピザソースを塗り、玉ねぎとハムをのせてチーズを散らし、220度のオーブンで10分程焼く。
3 器に盛り、ルッコラをのせる。

1人分
鉄 1.3mg
カルシウム 241mg 葉酸 23μg
エネルギー 193kcal 塩分 1.7g

マグロの納豆山かけ

材料 [2人分]

- ▶マグロの赤身(刺し身用) …… 150g
- しょうゆ ……………… 小さじ1
- ▶▶▶ひき割り納豆 ……………… 40g
- しょうゆ ……………… 大さじ½
- 山芋(すりおろす) ……………… 100g
- ▶▶▶小ねぎ(小口切り) ……………… 適量

1 マグロはぶつ切りにしてしょうゆをふる。納豆はしょうゆを加えてよく混ぜる。
2 マグロ、納豆、山芋を器に盛り、小ねぎを散らす。

1人分
鉄 1.9mg
カルシウム 29mg 葉酸 45μg
エネルギー 202kcal 塩分 1.2g

妊娠中の人の
Fe + カルシウム 葉酸

▶鉄が多い食材　▶カルシウムが多い食材　▶葉酸が多い食材

妊娠中の人の Fe + カルシウム 葉酸

サンマとねぎのチーズ焼き

材料[2人分]

- サンマ……………………大1尾
- 塩……………………小さじ1/6
- こしょう……………………少量
- 小麦粉……………………適量
- 油……………………大さじ2/3
- ねぎ(太めのせん切り)……1/4本
- しめじ(石づきを除いて小房に分ける)‥60g
- とろけるチーズ……………40g
- クレソン
  (食べやすい長さにちぎる)………15g

1 サンマは頭を切り落とし、内臓を除いて水洗いし、腹を切り開く。縦半分に切って中骨を除き、長さを3等分にする。
2 サンマに塩とこしょうをふり、小麦粉を薄くまぶす。
3 フライパンに油を熱し、2を皮のほうから焼き、焼き色がついたら裏返し、八分どおり火が通ったらねぎ、しめじ、チーズをのせ、ふたをしてチーズがとろけるまで蒸し焼きにする。
4 器に盛り、クレソンを散らす。

1人分
鉄 1.2mg
カルシウム 173mg 葉酸 37μg
エネルギー 323kcal 塩分 1.1g

ホタテ貝とほうれん草のグラタン

材料［2人分］
- ホタテ貝柱 ……………… 150g
- 塩 ………………………… 小さじ1/6
- こしょう ………………… 少量
- ▶ほうれん草 …………… 150g
- A
  - ▶卵（割りほぐす）…… 1個
  - ▶牛乳 ………………… 1/4カップ
  - 塩 …………………… 小さじ1/6
  - ナツメグ …………… 少量
  - ▶エバミルク ……… 大さじ2
  - マヨネーズ ……… 大さじ1/2

1 ほうれん草は3cm長さに切り、塩・油各少量（分量外）を加えた沸騰湯でゆで、湯をきる。
2 ホタテはそぎ切りにし、塩とこしょうをふって耐熱皿に**1**とともに彩りよく盛り、混ぜ合わせたAを流し入れる。
3 200度のオーブンで10〜15分、卵液がかたまるまでこんがりと焼く。

> 1人分
> 鉄 2.2mg
> カルシウム 125mg　葉酸 231μg
> エネルギー 185kcal　塩分 1.5g

鶏ハツとルッコラのにんにくいため

材料［2人分］
- ▶▶鶏ハツ ……………… 150g
- ▶▶ルッコラ
  （根元を切り除く）……… 30g
- オリーブ油 …………… 大さじ2/3
- にんにく（みじん切り）…… 1/2かけ
- 塩・こしょう ………… 各少量

1 ハツは流水に15〜20分さらして血抜きをし、水けをふく。
2 フライパンに半量のオリーブ油を熱し、ハツを入れて八分どおり火を通し、塩とこしょうをふり、とり出す。
3 フライパンに残りの油とにんにくを熱し、香りが立ったら**2**を戻し入れ、ルッコラを加えてさっといため、塩とこしょうで味をととのえる。

> 1人分
> 鉄 4.1mg
> カルシウム 30mg　葉酸 60μg
> エネルギー 199kcal　塩分 0.7g

鶏レバーと砂肝のマリネ

材料［2人分］
- ▶砂肝 …………………… 100g
- ▶鶏レバー ……………… 100g
- A
  - オリーブ油 ……… 1/4カップ
  - 白ワイン ………… 大さじ1
  - 塩 ………………… 小さじ2/3
  - にんにく（みじん切り）
    ………………………… 1/4かけ
  - ▶▶バジル（せん切り）
    ………………………… 2〜3枚
- ロリエ …………………… 1枚

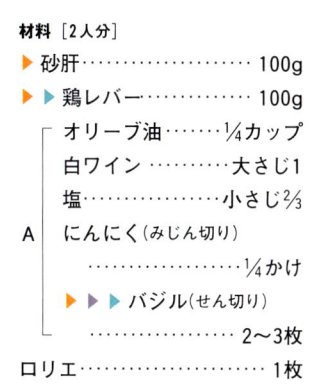

1 砂肝はかたい部分を切り除き、レバーは流水にさらして血抜きをし、ともに一口大に切る。
2 ロリエを入れた沸騰湯で**1**をゆで、湯をきって混ぜ合わせたAにつけ、味がなじむまで1〜2時間おく。

> 1人分
> 鉄 5.8mg
> カルシウム 9mg　葉酸 670μg
> エネルギー 142kcal　塩分 0.8g

エビと小松菜のミルク煮

材料[2人分]
- ▶▶ 小松菜(ゆでる)……100g
- エビ(殻つき)……150g
- 塩……少量
- 酒……小さじ1
- 油……大さじ½
- A
  - 酒……小さじ1
  - 砂糖・顆粒ブイヨン……各小さじ½
  - 塩……小さじ⅙
  - 水……½カップ
- ▶ 牛乳……⅔カップ
- B
  - かたくり粉……大さじ⅔
  - 水……大さじ1⅓

1 小松菜は3cm長さに切る。
2 エビは背中に切れ目を入れて背わたを除き、尾の先を切り除き、尾を包丁でこそげて水けを出す。塩と酒をふる。
3 なべに油を熱し、2を入れていため、色が変わったらAを加えてひと煮し、牛乳を加える。煮立ったら1を加え、Bを加えてとろみをつける。

1人分
- 鉄 1.6mg
- カルシウム 213mg　葉酸 70μg
- エネルギー 163kcal　塩分 1.4g

厚揚げとかぶの葉のいため物

材料[2人分]
- ▶▶ 厚揚げ(油抜きする)……½枚
- ▶▶▶ かぶの葉(ゆでる)……100g
- 鶏胸ひき肉……50g
- ▶▶▶ サクラエビ……10g
- 油……大さじ⅔
- A
  - しょうゆ・みりん……各大さじ1

1 厚揚げは大ぶりの乱切りにする。かぶの葉は3cm長さに切る。
2 フライパンに油を熱し、ひき肉を入れていため、肉の色が変わったら厚揚げとサクラエビを加えていため、油がまわったらAとかぶの葉を加え、味をからめながらいためる。

1人分
- 鉄 3.1mg
- カルシウム 379mg　葉酸 86μg
- エネルギー 232kcal　塩分 1.5g

鶏レバーのごま風味煮

材料[2人分]
- ▶▶ 鶏レバー……150g
- A
  - ねぎの青い部分・しょうがの皮……各適量
- ねぎ(ぶつ切り)……1本
- しょうが(薄切り)……½かけ
- B
  - しょうゆ……大さじ1⅓
  - 水……⅔カップ
  - 酒・砂糖……各大さじ1
- ▶▶▶ 練り白ごま……大さじ1

1 レバーは流水に20分程さらして血抜きをし、一口大に切る。
2 Aを加えた沸騰湯でレバーをゆで、アクを除く。
3 なべにB、しょうが、ねぎを入れて火にかけ、煮立ったら2を加え、弱火にして汁けがほとんどなくなるまで煮る。仕上げに練りごまをとかし入れる。

1人分
- 鉄 7.8mg
- カルシウム 113mg　葉酸 1018μg
- エネルギー 177kcal　塩分 1.9g

Fe+ 妊娠中の人の カルシウム 葉酸

マグロの洋風立田揚げ

材料 [2人分]

- マグロの赤身 ……… 150g
- にんにく（すりおろす）…… ½かけ
- A バジル（ドライ粉末）‥適量
  しょうゆ・白ワイン
  ……………… 各大さじ½
  塩 ……………… 小さじ¼
  こしょう ……………… 少量
- 小麦粉 ……………… 適量
- 揚げ油 ……………… 適量
- クレソン ……………… 30g
- レモン（1cm厚さの半月切り）…… ¼個

1 マグロは一口大に切り、Aの残りをからめて20〜30分おく。
2 1の汁をキッチンペーパーなどで軽くふきとり、薄く小麦粉をまぶし、170〜180度に熱した揚げ油でカラリと揚げる。
3 器に盛り、クレソンとレモンを添える。

1人分
鉄 1.8mg
カルシウム 46mg　葉酸 38μg
エネルギー 162kcal　塩分 1.5g

▶ 鉄が多い食材　▶ カルシウムが多い食材　▶ 葉酸が多い食材

妊娠中の人の
Fe + カルシウム 葉酸

ひじきとチーズのスパゲティ

材料[2人分]
- ▶▶ 生ひじき……………150g
- しょうゆ……………小さじ1
- A
  - にんにく(みじん切り)……1/2かけ
  - オリーブ油……大さじ1
  - 白ワイン………大さじ1/2
  - 塩………………小さじ2/3
  - こしょう……………少量
- ▶ プロセスチーズ(7mm角に切る)……30g
- ▶ ゆで卵(あらみじん切り)……1個
- スパゲティ……………乾100g
- ▶▶▶ バジル(飾り用)……適量

1 ひじきは水洗いして水けをきり、しょうゆをふる。
2 混ぜ合わせたAに1を加え、1時間おいて味をなじませる。
3 スパゲティは表示の通りにゆで、冷水にとってさまし、水けをよくきり、2とチーズを加えてあえる。
4 器に盛ってゆで卵を散らし、飾り用のバジルを添える。

1人分 鉄 7.2mg カルシウム 271mg 葉酸 34μg エネルギー 356kcal 塩分 3.3g

アサリと豆腐のくず煮

材料[2人分]
- ▶▶ もめん豆腐(食べやすい大きさに切る)……2/3丁
- ▶ アサリ水煮缶詰め(汁けをきる)……20g
- ▶▶▶ 菜の花(ゆでて3cm長さに切る)……100g
- A
  - だし……………1カップ
  - みりん…………大さじ1/2
  - しょうゆ………小さじ1
  - 塩………………少量
- B
  - かたくり粉……大さじ1/2
  - 水………………大さじ1

1 なべにAを入れて煮立て、豆腐を加えて温まるまで煮、器に盛る。
2 1のなべにアサリと菜の花を加え、煮立ったらBを加えてとろみをつけ、1にかける。

1人分 鉄 6.2mg カルシウム 215mg 葉酸 185μg エネルギー 122kcal 塩分 1.1g

イワシのタルタル中国風

材料[2人分]
- A
  - ▶ イワシ(刺し身用)……3尾
  - しょうゆ・酒……各大さじ1/2
  - ごま油……………小さじ1
  - ねぎ………………1/4本
  - にんにく…………1/4かけ
- ▶▶▶ 卵黄……………2個分
- ▶▶ 香菜・▶▶▶ 小ねぎ・いり白ごま………各適量

1 イワシは三枚おろしにして包丁で細かくたたき、ねぎとにんにくはみじん切りにし、残りのAと混ぜ合わせる。
2 器に盛り、卵黄をのせ、香菜、小ねぎ、ごまを散らす。

1人分 鉄 2.7mg カルシウム 93mg 葉酸 46μg エネルギー 265kcal 塩分 0.9g

アサリのクリーム蒸し

材料[2人分]

- ▶▶▶ アサリ(砂抜きする)
  ………………殻つきで300g
- 白ワイン…………大さじ1
- 油………………小さじ1
- にんにく(みじん切り)……1/4かけ
- 玉ねぎ(薄切り)…………30g
- 水………………1/3カップ
- ▶ 牛乳……………2/3カップ
- A ┌ 塩…………小さじ1/5
  └ こしょう…………少量
- ▶▶▶ パセリ(みじん切り) 適量

1. なべにアサリとワインを入れ、ふたをして火にかけ、アサリの口が開いたら火を消す。
2. なべに油とにんにくを入れて熱し、玉ねぎを加えていため、水と牛乳を加えて煮立ちかけたら**1**を蒸し汁ごと加え、Aで味をととのえる。
3. 器に盛り、パセリを散らす。

1人分 鉄 2.4mg カルシウム 122mg 葉酸 8μg エネルギー 96kcal 塩分 2.0g

ハマグリのコーンクリーム煮

材料[2人分]

- ▶▶ ハマグリ(砂抜きする)
  ………………………6個
- 白ワイン…………大さじ1
- 玉ねぎ(薄切り)…………1/4個
- 油………………小さじ1
- A ┌ クリームコーン缶詰め
  │ …………………1/2カップ
  │ ホールコーン缶詰め…30g
  └ ▶ 牛乳…………1/2カップ
- B ┌ 塩…………小さじ1/6
  └ こしょう…………少量

1. なべにハマグリとワインを入れ、ふたをして火にかけ、ハマグリの口が開いたら火を消す。
2. なべに油を熱して玉ねぎをいため、Aを加えて煮立ちかけたら**1**を蒸し汁ごと加え、Bで味をととのえる。

1人分 鉄 0.9mg カルシウム 101mg 葉酸 26μg エネルギー 141kcal 塩分 1.6g

豆腐と枝豆の豆乳煮

材料[2人分]

- ▶▶ もめん豆腐
  (食べやすい大きさに切る)…1/2丁
- ▶▶ 枝豆(ゆでる)
  ………さやから出して30g
- ▶▶ サクラエビ……大さじ2
- ▶▶ きくらげ
  (もどして石づきを除く)……乾3g
- しょうが(せん切り)……1/2かけ
- A ┌ だし…………2/3カップ
  │ ▶ 豆乳………1/2カップ
  │ 酒………………大さじ1
  │ しょうゆ…………小さじ1/2
  └ 塩………………小さじ1/4
- B ┌ かたくり粉……大さじ1/2
  └ 水………………大さじ1

なべにAとしょうがを入れて煮立て、豆腐を入れてひと煮し、きくらげ、サクラエビ、枝豆を加え、煮立ったところへBを加えてとろみをつける。

1人分 鉄 2.4mg カルシウム 174mg 葉酸 81μg エネルギー 128kcal 塩分 1.1g

カツオのミルクカレー

材料[2人分]
- カツオ(1cm厚さに切る)…150g
- 玉ねぎ(くし形切り)……1/2個
- トマト(くし形切り)……小1個
- ほうれん草(ゆでる)…100g
- 牛乳……1カップ
- 水……2/3カップ
- 油……大さじ1/2
- カレールー(市販品)……2人分
- 温かいごはん……300g

1 ほうれん草は3cm長さに切る。
2 なべに油を熱し、カツオを入れて八分どおり火を通し、とり出す。
3 2のなべに玉ねぎを入れていため、油がまわったら水を加えて煮立て、トマトを加えて弱火で5分煮る。
4 カレールーを加えてとかし、カツオと牛乳を加え、とろみがついたら1を加えてひと煮し、皿に盛ったごはんにかける。

1人分
鉄 3.5mg
カルシウム 187mg　葉酸 146μg
エネルギー 581kcal　塩分 2.3g

豚ヒレと豆腐のスープ煮

材料[2人分]
- 豚ヒレ肉(5mm厚さに切る)…80g
- もめん豆腐(食べやすい大きさに切る)…1/2丁
- そら豆(ゆでる)……さやから出して80g
- ねぎ(斜め薄切り)……1/4本
- はるさめ(熱湯でもどす)…乾5g
- きくらげ(もどす)……乾3g
- しょうが(せん切り)……1/2かけ
- 油……大さじ1/2
- A ┌ 顆粒ブイヨン……小さじ1/2
  │ 塩……小さじ2/5
  │ こしょう……少量
  └ 水……1カップ

1 そら豆は薄皮を除く。
2 きくらげは石づきを除き、はるさめは3cm長さに切る。
3 なべに油を熱し、豚肉を入れていため、ねぎを加え、油がまわったらAを加えて煮立て、しょうが、豆腐、2を加えて弱火で5分程煮る。そら豆を加えてひと煮する。

1人分
鉄 2.4mg
カルシウム 108mg　葉酸 54μg
エネルギー 177kcal　塩分 1.6g

Fe + カルシウム 葉酸
妊娠中の人の

レンズ豆と
サニーレタスのサラダ

材料[2人分]
- レンズ豆の水煮缶詰め……… 30g
- ひよこ豆の水煮缶詰め……… 40g
- サニーレタス …………… 2枚

A
- 油………………… 大さじ1
- 酢………………… 大さじ½
- 塩………………… 小さじ¼
- こしょう………………… 少量

- パセリ(みじん切り)…… 適量

1 豆は水洗いして水けをきる。サニーレタスは一口大にちぎる。
2 1を器に盛り、みじん切りにしたパセリを散らし、混ぜ合わせたAをかける。

1人分
- 鉄 1.3mg
- カルシウム 30mg　葉酸 53μg
- エネルギー 142kcal　塩分 0.7g

Fe + カルシウム 葉酸

妊娠中の人の

鶏レバーのおから煮

材料[2人分]
- ▶▶ 鶏レバー ……………… 100g
- A [ねぎの青い部分・しょうがの皮 …………………… 各適量]
- ▶▶ おから …………… 2カップ
- しょうが(せん切り)………… ½かけ
- ねぎ(小口切り)……………… ¼本
- ▶ 糸三つ葉(ゆでる)………… 15g
- B [しょうゆ・酒・砂糖 …各大さじ2
  水 ……………… 1カップ強]
- 油 ……………………… 大さじ½

1 レバーは流水に20分程さらして血抜きをし、一口大に切り、Aを加えた沸騰湯でゆで、アクを除き、湯をきる。

2 なべに油を熱し、ねぎとしょうがをいため、Bを加えて煮立ったら**1**を加える。火を弱めて10分程煮る。

3 おからを加え、汁けがほとんどなくなるまで煮、1.5cm長さに切った三つ葉を加え混ぜる。

1人分
- 鉄 6.2mg
- カルシウム 97mg 葉酸 683μg
- エネルギー 263kcal 塩分 2.7g

▶鉄が多い食材　▶カルシウムが多い食材　▶葉酸が多い食材

かぶとサクラエビのミルク煮

材料[2人分]
- ▶▶▶ かぶの葉(ゆでる)…150g
- ▶▶▶ サクラエビ……大さじ2
- ▶ 牛乳……………1/2カップ
- A ┌ 酒……………大さじ1/2
  │ 顆粒ブイヨン…小さじ1/2
  │ 砂糖…………小さじ1/3
  │ 塩………………少量
  └ 水……………1/4カップ
- B ┌ かたくり粉……小さじ1
  └ 水……………小さじ2

1 かぶの葉は3cm長さに切る。
2 なべにAを煮立て、1とサクラエビを加えて再び煮立ったら牛乳を加えてひと煮し、Bを加えてとろみをつける。

1人分
- 鉄 1.7mg
- カルシウム 306mg　葉酸 92μg
- エネルギー 72kcal　塩分 0.9g

さつま芋と大豆の黒糖煮

材料[2人分]
- さつま芋(乱切り)……………150g
- ▶▶ 水煮大豆(汁けをきる)…50g
- A ┌ 酒……………大さじ1
  │ ▶ 黒砂糖………大さじ1/2
  │ しょうゆ………小さじ1
  └ 塩………………少量

1 さつま芋は水につけてアクを除き、水けをきる。
2 なべに1とひたひたの水を入れて火にかけ、芋の表面が透き通ってきたら大豆とAを加え、弱火にして芋に火が通り、味がなじむまで煮る。

1人分
- 鉄 1.2mg
- カルシウム 54mg　葉酸 48μg
- エネルギー 162kcal　塩分 0.5g

かぶの葉と厚揚げとアサリの煮浸し

材料[2人分]
- ▶▶▶ かぶの葉(ゆでる)…150g
- ▶▶ 厚揚げ(油抜きする)……1/3枚
- ▶ アサリの水煮缶詰め…20g
- A ┌ だし……………1/2カップ
  └ しょうゆ・みりん
  　　　　　　　　各大さじ1

1 かぶの葉は3cm長さに切る。厚揚げは縦半分に切って7mm幅に切る。
2 なべにAと汁けをきったアサリを入れて煮立て、厚揚げ、かぶの葉の順に加えてひと煮し、火を消す。

1人分
- 鉄 6.6mg
- カルシウム 303mg　葉酸 97μg
- エネルギー 118kcal　塩分 1.5g

ほうれん草とひじきのごまあえ

材料[2人分]
- ▶▶ ほうれん草(ゆでる)…100g
- ▶ 生ひじき(水で洗う)‥50g
-   しょうゆ…………小さじ½
- にんじん(せん切り)………20g
- ▶ 厚揚げ(油抜きする)……⅓丁
- A
  - だし……………大さじ1
  - ▶▶▶ 練り白ごま
        ……………大さじ⅔
  - 砂糖…………小さじ1⅓
  - しょうゆ………大さじ½

1 ほうれん草は3cm長さに切り、ひじきは水けをきってしょうゆをふる。にんじんはラップに包んで電子レンジ(600W)に入れ、10〜15秒加熱する。
2 練りごまはよく混ぜ、残りのAと手であらくくずした厚揚げを加え混ぜる。
3 1を加えてあえる。

1人分 鉄 4.7mg　カルシウム 239mg　葉酸 129μg　エネルギー 123kcal　塩分 1.0g

豆のクリームスープ

材料[2人分]
- ▶ 水煮大豆(水で洗う)……80g
- ▶ レンズ豆水煮缶詰め
    (水で洗う)……………50g
- 玉ねぎ(薄切り)…………¼個
- にんにく(みじん切り)……½かけ
- 油………………………大さじ½
- A
  - 顆粒ブイヨン……小さじ½
  - ロリエ……………½枚
  - 水………………½カップ
- B
  - ▶ 牛乳………1⅓カップ
  - 塩…………小さじ¼
  - こしょう…………少量
- ▶▶▶ パセリ(細かくちぎる)
    ………………………1枝

1 なべに油とにんにくを熱し、香りが立ったら玉ねぎを加えていためる。
2 豆を加えていため、Aを加えて煮立て、弱火で5分程煮る。
3 Bを加えてさらに5分煮る。器に盛ってパセリを散らす。

1人分 鉄 2.5mg　カルシウム 235mg　葉酸 46μg　エネルギー 232kcal　塩分 1.4g

そら豆とチーズののりあえ

材料[2人分]
- ▶ そら豆(ゆでる)
    ………さやから出して150g
- ▶▶ 焼きのり……全形¼枚
- A
  - ▶ カテージチーズ
        ……………大さじ2
  - 塩…………小さじ⅙

そら豆は薄皮を除き、のりは細かくちぎり、混ぜ合わせたAであえる。

1人分 鉄 1.4mg　カルシウム 21mg　葉酸 78μg　エネルギー 75kcal　塩分 0.6g

▶鉄が多い食材　▶カルシウムが多い食材　▶葉酸が多い食材

妊娠中の人の Fe + カルシウム 葉酸

春菊ときくらげのクリームスープ

材料[2人分]
- ▶▶▶ 春菊(ゆでる)……100g
- ▶▶ きくらげ(もどして石づきを除く)……乾3g
- ▶▶ 平湯葉(一口大に割る)…1枚
- ▶ エバミルク………大さじ2
- ▶ 牛乳………1カップ
- A ┌ 水………½カップ
    │ 顆粒ブイヨン…小さじ½
    │ 塩………小さじ⅕
    └ こしょう………少量

1 春菊はあらみじんに切る。
2 なべにAを入れて煮立て、きくらげ、湯葉、エバミルク、牛乳を加えて火を弱め、煮立ちかけたら春菊を加えてさっと煮て火を消す。

1人分 鉄 1.6mg　カルシウム 232mg　葉酸 103μg　エネルギー 123kcal　塩分 1.2g

モロヘイヤとサクラエビのいり卵

材料[2人分]
- ▶▶▶ モロヘイヤ(ゆでる) 100g
- ▶ 卵(割りほぐす)………2個
- ▶▶▶ サクラエビ……大さじ2
- A ┌ 酒………小さじ1
    │ しょうゆ………小さじ½
    └ 塩………少量
- 油………大さじ1

1 モロヘイヤは3cm長さに切る。
2 フライパンに油を熱し、モロヘイヤとサクラエビをいため、油がまわったらAを加えて調味し、卵を流し入れ、スプーンなどで大きくかき混ぜて半熟状に火を通す。

1人分 鉄 1.5mg　カルシウム 216mg　葉酸 154μg　エネルギー 163kcal　塩分 0.8g

小松菜の山かけ

材料[2人分]
- ▶▶▶ 小松菜(ゆでる)……150g
- 長芋………100g
- ▶ ちりめんじゃこ……大さじ2
- A ┌ だし………大さじ2
    └ しょうゆ………大さじ⅔

1 小松菜は3cm長さに切る。
2 長芋は皮をむき、まな板の上にキッチンペーパーを敷き、その上でせん切りにする。
3 1と2を器に盛り、じゃこを散らしのせ、混ぜ合わせたAをかける。

1人分 鉄 2.4mg　カルシウム 149mg　葉酸 90μg　エネルギー 53kcal　塩分 1.1g

しめじとモロヘイヤの マヨネーズチーズあえ

材料[2人分]

- ▶▶ モロヘイヤ(ゆでる)･･･100g
- しめじ(ゆでる)･･････････60g
- しょうゆ･･･････････小さじ½
- ▶ プロセスチーズ(5mm角に切る)
  ･･････････････････････30g
- A ┌ マヨネーズ･･･････大さじ1
  └ 塩････････････････････少量

モロヘイヤは3cm長さに切る。しめじはしょうゆをまぶす。チーズとともに混ぜ合わせたAであえる。

1人分
鉄 0.7mg
カルシウム 227mg　葉酸 138μg
エネルギー 117kcal　塩分 1.0g

切り干しとアサリの煮物

材料[2人分]

- ▶▶ 切り干し大根(もどす)･･････乾40g
- ▶ アサリ水煮缶詰め･･････････20g
- ▶▶ おかひじき(ゆでる)･･････50g
- 油･･･････････････････大さじ½
- A ┌ 水･･･････････････1½カップ
  │ 砂糖・しょうゆ
  └ ･･････････････････各大さじ1

1 切り干しは食べやすい長さに切る。おかひじきは3cm長さに切る。
2 なべに油を熱し、切り干しを入れていため、アサリとAを加えて煮立て、弱火にして、汁けがほとんどなくなるまで煮、おかひじきを加えてひと煮する。

1人分
鉄 6.2mg
カルシウム 159mg　葉酸 47μg
エネルギー 140kcal　塩分 1.6g

枝豆のひたし豆

材料[2人分]

- ▶ 枝豆････････さやつきで150g
- A ┌ だし･････････････1カップ
  │ みりん・うす口しょうゆ
  │ ･･････････････各大さじ1⅔
  └ 塩･･･････････････小さじ⅕

1 枝豆はさやの両端をはさみで少し切って味がしみるようにし、塩少量(分量外)を加えた沸騰湯でかためにゆで、湯をきる。
2 なべにAを入れて煮立てて火を消し、1が熱いうちに加えて味をなじませる。

1人分
鉄 1.3mg
カルシウム 31mg　葉酸 138μg
エネルギー 102kcal　塩分 3.0g

妊娠中の人の Fe + カルシウム 葉酸

じゃことひじきのふりかけ

材料［作りやすい分量］
- ▶ ちりめんじゃこ……………10g
- ▶▶ ひじき……………………乾5g
- ▶▶ サクラエビ・煮干し・
- ▶▶▶ いり白ごま…………各5g
- 青のり………………………適量

1 じゃこはキッチンペーパーの上に広げ、電子レンジ弱（500W）で5分加熱して乾燥させる。煮干しは頭と内臓を除く。

2 すべての材料をミキサーまたはフードプロセッサーにかけ、粉状にする。

1/10量1人分
鉄 0.5mg
カルシウム 37mg　葉酸 3μg
エネルギー 8kcal　塩分 0.1g

オクラととんぶりの納豆あえ

材料［2人分］
- ▶ オクラ………………………5本
- ▶▶▶ 納豆………………………40g
- ▶▶ とんぶり………………大さじ2
- A ┌ しょうゆ………………小さじ1
- 　└ だし……………………大さじ1

1 オクラは塩少量（分量外）をふって板ずりし、沸騰湯でさっとゆでて湯をきり、小口切りにする。

2 1、納豆、とんぶりを混ぜ合わせたAであえて器に盛る。

1人分
鉄 1.2mg
カルシウム 41mg　葉酸 60μg
エネルギー 67kcal　塩分 0.4g

あしたばとじゃこの中国風サラダ

材料［2人分］
- ▶▶ あしたば（ゆでる）………100g
- トマト………………………½個
- A ┌ ▶ ちりめんじゃこ……大さじ2
- 　│ 酢…………………………大さじ1
- 　│ ごま油……………………小さじ1
- 　│ 油…………………………小さじ1
- 　└ しょうゆ…………大さじ½強

1 あしたばは3cm長さに切り、トマトはくし形切りにする。

2 器にあしたばとトマトを盛り、混ぜ合わせたAをかける。

1人分
鉄 0.7mg
カルシウム 48mg　葉酸 64μg
エネルギー 74kcal　塩分 1.0g

Fe + カルシウム 葉酸

妊娠中の人の

ブロッコリーと アサリのくず煮

材料［2人分］
▶▶ ブロッコリー（小房に分けてゆでる）
　　‥‥‥‥‥‥‥‥‥‥‥‥ 150g
▶ アサリ（砂抜きする）
　　‥‥‥‥‥‥‥ 殻つきで100g
酒 ‥‥‥‥‥‥‥‥‥‥‥ 大さじ1
A ┌ 水 ‥‥‥‥‥‥‥‥‥ ¾カップ
　│ しょうゆ ‥‥‥‥‥ 小さじ½
　│ 砂糖 ‥‥‥‥‥‥‥ 小さじ⅓
　└ 塩 ‥‥‥‥‥‥‥‥‥‥ 少量
B ┌ かたくり粉 ‥‥‥‥‥ 小さじ1
　└ 水 ‥‥‥‥‥‥‥‥‥ 小さじ2

1 なべにアサリと酒を入れて火にかけ、口が開いたらとり出す。
2 1のなべに混ぜ合わせたAを入れて煮立て、ブロッコリーを加えてさっと煮る。
3 Bをまわし入れてとろみをつけ、アサリを戻し入れてひと混ぜする。

1人分
鉄 2.3mg
カルシウム 57mg　**葉酸** 158μg
エネルギー 53kcal　**塩分** 5.1g

▶鉄が多い食材　▶カルシウムが多い食材　▶葉酸が多い食材

小松菜とサクラエビのきんぴら

材料[3人分]
- ▶▶▶小松菜(ゆでる)……150g
- ▶えのきたけ(根元を切り除く)……40g
- ▶▶▶サクラエビ……大さじ2
- 油……大さじ½
- A[しょうゆ・みりん……各大さじ⅔]

1 小松菜は3cm長さに切る。えのきは細かくほぐす。
2 フライパンに油を熱し、えのき、小松菜、サクラエビを入れていため、全体に油がまわったらAを加え、味をからめるようにいためる。

1人分
鉄 2.5mg
カルシウム 189mg　葉酸 106μg
エネルギー 71kcal　塩分 1.0g

ひじきと切り干し大根の当座煮

材料[2人分]
- ▶▶生ひじき……100g
- ▶▶切り干し大根……乾25g
- ▶▶水煮大豆(水けをきる)……50g
- にんじん……10g
- ▶▶油揚げ(油抜きする)……½枚
- ▶▶▶サクラエビ……大さじ1
- 油……大さじ½
- A[だし……⅔カップ / しょうゆ・砂糖……各大さじ⅔ / 酒……大さじ½]

1 ひじきは水で洗い、水けをきる。切り干しは水でもどし、食べやすい長さに切って水けを絞る。にんじんはせん切り、油揚げは短冊に切る。
2 なべに油を熱し、ひじきとにんじんを加えていため、全体に油がまわったら油揚げ、サクラエビ、大豆、Aを加え、煮立ったら弱火にし、汁けがほとんどなくなるまで煮る。

1人分
鉄 6.0mg
カルシウム 206mg　葉酸 34μg
エネルギー 168kcal　塩分 1.7g

Fe + カルシウム 葉酸 (妊娠中の人の)

グリーンピースのクリーム煮

材料[2人分]
- グリーンピース(ゆでる)……さやから出して150g
- 玉ねぎ(1cm角に切る)……¼個
- 油……大さじ½
- A
  - 砂糖……小さじ1
  - 顆粒ブイヨン……小さじ½
  - 塩……小さじ¼
  - ロリエ……½枚
  - 水……¼カップ
- 牛乳……½カップ
- B
  - かたくり粉……大さじ½
  - 水……大さじ1

1 なべに油を熱し、玉ねぎを入れていため、Aを加えて玉ねぎがやわらかくなるまで煮る。
2 牛乳を加えて煮立ちかけたらグリーンピースを加えて5分程煮、Bを加えてとろみをつける。

1人分
鉄 1.3mg
カルシウム 81mg　葉酸 64μg
エネルギー 157kcal　塩分 1.0g

レーズンとルッコラのサラダ

材料[2人分]
- ルッコラ……30g
- レーズン……20g
- 玉ねぎ……30g
- キウイフルーツ……½個
- A
  - 油……大さじ1
  - 酢……大さじ½
  - 塩……小さじ⅕
  - こしょう……少量

1 ルッコラは食べやすい長さにちぎる。玉ねぎは薄切りにし、塩少量(分量外)をふってしんなりしたら水洗いして水けを絞る。キウイは半月切りにする。
2 1とレーズンを合わせて器に盛り、混ぜ合わせたAをかける。

1人分
鉄 0.6mg
カルシウム 43mg　葉酸 36μg
エネルギー 106kcal　塩分 0.6g

クレソンとハムのチーズいため

材料[2人分]
- クレソン(長さを半分に切る)……60g
- ハムの薄切り(8等分に切る)……2枚
- エバミルク……大さじ1½
- とろけるチーズ……20g
- 油……大さじ½
- A│塩・砂糖・こしょう……各少量

1 フライパンに油を熱し、ハムを入れていため、油がまわったらエバミルクとチーズを加えていためる。
2 チーズがとろけたらクレソンの茎、葉の順に加えていため、Aで調味する。

1人分
鉄 0.5mg
カルシウム 141mg　葉酸 46μg
エネルギー 131kcal　塩分 1.0g

▶鉄が多い食材　▶カルシウムが多い食材　▶葉酸が多い食材

三つ葉とひじきのごまあえ

材料[2人分]
- ▶糸三つ葉(ゆでる) …… 15g
- ▶▶生ひじき(洗う) …… 150g
- ▶▶油揚げ(油抜きする) …… ½枚
- にんじん(せん切り) …… 10g
- ▶枝豆(ゆでる)
  …… さやから出して20g
- A
  - だし …… ¼カップ
  - しょうゆ・みりん …… 各小さじ1
  - ▶▶▶練り白ごま …… 大さじ1
- B
  - 砂糖 …… 大さじ⅔
  - しょうゆ …… 小さじ1

1 三つ葉は2cm長さに切る。油揚げは短冊切りにする。
2 なべにAを入れて煮立て、油揚げとひじき、にんじんを加えて汁けがほとんどなくなるまで煮、あら熱をとる。
3 練りごまはよく混ぜ、Bの残りの材料を加えて混ぜ合わせ、三つ葉、2、枝豆を加えてあえる。

1人分
鉄7.3mg
カルシウム268mg 葉酸61μg
エネルギー119kcal 塩分1.3g

そら豆の甘煮

材料[2人分]
- ▶▶そら豆
  …… さやから出して150g
- A
  - ▶黒砂糖 …… 大さじ3
  - 酒 …… 大さじ1
  - 塩 …… 小さじ⅖
  - 水 …… 1カップ

なべにAを入れて煮立て、そら豆を加えて5分程煮、火を消す。そのままさましながら味をなじませる。

1人分
鉄1.9mg
カルシウム45mg 葉酸69μg
エネルギー117kcal 塩分1.2g

ひじきと枝豆のマリネ

材料[2人分]
- ▶▶生ひじき(洗う) …… 150g
- しょうゆ …… 小さじ1
- ▶▶枝豆(ゆでる)
  …… さやから出して30g
- A
  - にんにく(みじん切り) …… ¼かけ
  - ▶▶バジル(せん切り) …… 4枚
  - 白ワイン・オリーブ油 …… 各大さじ1
  - 塩 …… 小さじ⅕
  - こしょう …… 少量

1 ひじきはしょうゆをふる。
2 Aは混ぜ合わせ、1と枝豆を加え、1時間程おいて味をなじませる。

1人分
鉄6.4mg
カルシウム163mg 葉酸60μg
エネルギー100kcal 塩分1.4g

妊娠中の人の
Fe ＋ カルシウム 葉酸

オクラとじゃこのサラダ

材料［2人分］
▶ オクラ ……………… 8本
みょうが ……………… 2個
▶ ちりめんじゃこ …… 大さじ2
A ┌ 酢 ……………… 大さじ1
　└ しょうゆ ……… 小さじ1

1 オクラは塩少量（分量外）をふって板ずりし、沸騰湯でゆでて冷水にとり、水けをきって半分に切る。
2 みょうがはせん切りにして水にさらし、水けをきる。
3 1、2、じゃこを混ぜ合わせたAであえる。

1人分
鉄 0.3mg
カルシウム 39mg　葉酸 35μg
エネルギー 19kcal　塩分 0.6g

春菊とサニーレタスのコールスローサラダ

材料［2人分］
▶▶▶ 春菊
　（葉のやわらかい部分）…… 100g
▶▶ サニーレタス ……… 2枚
トマト ……………… 1/2個
▶ プロセスチーズ ……… 30g
A ┌ 油 ……………… 大さじ1
　├ 酢 ……………… 大さじ1/2
　└ 塩・こしょう …… 各少量

1 春菊は塩少量（分量外）をふってしんなりしたら水洗いし、水けを絞る。
2 サニーレタスは食べやすい大きさにちぎり、トマトは薄くし形切り、チーズは拍子木切りにする。
3 1、2を混ぜ合わせたAであえ、器に盛る。

1人分
鉄 1.4mg
カルシウム 172mg　葉酸 134μg
エネルギー 131kcal　塩分 0.9g

枝豆とかぶの葉のいため物

材料[2人分]
- ▶▶▶ かぶの葉(ゆでる)‥‥150g
- ▶▶ 枝豆(ゆでる)
  ‥‥‥‥さやから出して40g
- 削りガツオ‥‥‥‥ミニ1袋
- 油‥‥‥‥‥‥‥‥大さじ½
- A[しょうゆ・みりん
  ‥‥‥‥‥‥各大さじ½]

1 かぶの葉は3cm長さに切る。
2 フライパンに油を熱し、かぶの葉と枝豆を加えていためる。
3 全体に油がまわったら、Aと削りガツオを加えて味をからめながらいためる。

1人分
鉄 2.4mg
カルシウム 203mg　葉酸 148μg
エネルギー 92kcal　塩分 0.7g

ヨーグルトガスパチョ

材料[2人分]
- セロリ‥‥‥‥‥‥‥‥60g
- 玉ねぎ‥‥‥‥‥‥‥‥50g
- ▶▶▶ パセリ‥‥‥‥‥‥5g
- ▶ プレーンヨーグルト
  ‥‥‥‥‥‥‥‥1½カップ
- レモン汁‥‥‥‥‥大さじ1⅓
- 塩‥‥‥‥‥‥‥‥‥‥少量
- こしょう‥‥‥‥‥‥‥少量

1 セロリは筋を除き、玉ねぎとともに一口大に切る。
2 すべての材料をミキサーに入れ、なめらかになるまで攪拌し、器に注ぐ。

1人分
鉄 0.3mg
カルシウム 214mg　葉酸 37μg
エネルギー 115kcal　塩分 0.7g

▶鉄が多い食材　▶カルシウムが多い食材　▶葉酸が多い食材

妊娠中の人の Fe + カルシウム 葉酸

なめことオクラの納豆あえ

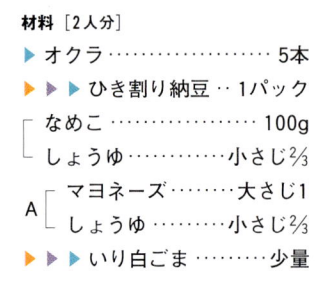

材料[2人分]
- オクラ …………………… 5本
- ▶▶ ひき割り納豆 ‥ 1パック
- なめこ …………………… 100g
- しょうゆ ……………… 小さじ2/3
- A マヨネーズ ……… 大さじ1
- しょうゆ ……… 小さじ2/3
- ▶▶ いり白ごま ……… 少量

オクラは塩少量(分量外)をふって板ずりし、沸騰湯でさっとゆでて水にとり、水けをきって1cm幅に切る。なめこは沸騰湯でゆでて湯をきり、しょうゆをまぶし、混ぜ合わせたAであえ、ごまをふる。

1人分
- 鉄 1.0mg
- カルシウム 32mg　葉酸 74μg
- エネルギー 94kcal　塩分 0.7g

アサリのミルクみそ汁

材料[2人分]
- ▶ アサリ(砂抜きする) ………… 殻つきで200g
- ▶▶ ほうれん草(ゆでる) …… 80g
- 水 …………………………… 1カップ
- ▶ 牛乳 ……………………… 2/3カップ
- 白みそ ……………………… 大さじ2
- 塩 …………………………… 少量

1 ほうれん草は3cm長さに切る。
2 なべに水とアサリを入れて火にかけ、アサリの口が開いたらアサリをとり出し、器に盛る。
3 アクを除き、牛乳を加えて2〜3分煮、みそと塩をとき入れ、ほうれん草を加え、煮立つ直前に火を消し、**2**に盛る。

1人分
- 鉄 2.9mg
- カルシウム 137mg　葉酸 91μg
- エネルギー 106kcal　塩分 2.1g

大豆とじゃこのおろしあえ

材料[2人分]
- ▶▶ 水煮大豆(水けをきる)‥ 100g
- おろし大根 ……………… 150g
- ▶ ちりめんじゃこ ………… 10g
- ▶▶ 青じそ(細かくちぎる) 4枚
- A だし ……… 大さじ1 1/2
- 酢 ……………… 大さじ1
- 塩 ……………… 小さじ1/4

1 ちりめんじゃこは湯通しをし、湯をきる。
2 **1**、大豆、おろし大根、しそを混ぜ合わせたAであえる。

1人分
- 鉄 1.1mg
- カルシウム 81mg　葉酸 33μg
- エネルギー 92kcal　塩分 1.2g

大根葉と青のりのおにぎり

材料[2人分]
- ▶▶▶ 大根の葉(小口切り) …………… 80g
- 塩 …………………… 少量
- ▶ ちりめんじゃこ …… 大さじ2
- ▶▶▶ 青のり ……… 大さじ2/3
- ▶▶▶ いり白ごま …… 大さじ1
- 温かいごはん ………… 400g

1 大根の葉は塩をふり、しんなりしたら汁けを絞る。
2 ごはんに1、じゃこ、青のり、ごまを加え混ぜ、丸形ににぎる。

1人分 鉄 2.4mg　カルシウム 179mg　葉酸 72μg　エネルギー 380kcal　塩分 0.7g

小松菜の納豆おかかあえ

材料[2人分]
- ▶▶▶ 小松菜(ゆでる) …… 150g
- ▶▶▶ 納豆 ……………… 40g
- 削りガツオ ………… ミニ1/2袋
- しょうゆ …………… 大さじ1/2

小松菜は3cm長さに切り、残りのすべての材料と混ぜ合わせる。

1人分 鉄 3.1mg　カルシウム 152mg　葉酸 114μg　エネルギー 68kcal　塩分 0.7g

シジミのにんにく風味スープ

材料[2人分]
- ▶▶ シジミ(砂抜きする) …………… 殻つきで200g
- にんにく(みじん切り) …… 1/4かけ
- 水 ………………… 1・1/2カップ
- ▶ エバミルク ………… 大さじ2
- 油 ………………… 小さじ1
- 塩 ………………… 小さじ1/3
- こしょう …………… 少量
- ▶▶▶ 小ねぎ(小口切り) …… 適量

1 なべに油とにんにくを入れて火にかけ、香りが立ったら水とシジミを加え、シジミの口が開いたらエバミルク、塩、こしょうを加える。
2 器に盛り、小ねぎを散らす。

1人分 鉄 1.4mg　カルシウム 81mg　葉酸 7μg　エネルギー 58kcal　塩分 1.1g

妊娠中の人のための

Fe + カルシウム 葉酸の
常備菜 & アレンジ料理

妊娠中は食事が偏らないように、いろいろな食品を使った常備菜を用意しておきましょう。レバーのリエットは少量の油をかけておくと冷蔵庫で1週間、小松菜のナムル、ひじきの煮物、凍り豆腐の牛乳煮は冷蔵庫で3～4日間保存できます。

レバーのリエット

材料 [6人分]

- A
  - ▶▶ 鶏レバー……………300g
  - ロリエ………………1枚
  - 玉ねぎ(薄切り)…………30g
  - しょうゆ・赤ワイン…各大さじ2
  - 塩………………小さじ4/5
- 鶏もも肉(皮なし)……………200g
- B
  - 塩………………小さじ1/5
  - こしょう………………少量
- オリーブ油………………大さじ2
- にんにく(薄切り)……………2かけ
- 玉ねぎ(薄切り)………………1/2個
- C
  - こしょう・ナツメグ・オールスパイス・ジンジャーパウダー・コリアンダーパウダー……各少量
- 生クリーム………………1/4カップ

1 レバーは流水に20分さらし、一口大に切り、残りのAに3時間つける。
2 鶏肉は2cm角に切り、Bをふる。
3 油とにんにくを熱し、玉ねぎを加えていためる。2と汁をきったレバーを加えていため、つけ汁を加える。
4 Cを加え、500gになるまでいため煮にし、あら熱をとる。フードプロセッサーでなめらかに撹拌し、生クリームを加え、冷やす。

1人分
鉄 4.9mg
カルシウム 17mg　葉酸 663μg
エネルギー 188kcal　塩分 2.0g

レバーのサンドイッチ

材料 [2人分]

- ▶▶ レバーのリエット………1/6量
- ▶▶ ほうれん草(ゆでる)………100g
- ▶ スライスチーズ……………2枚
- トマト(薄い輪切り)………小1個
- ▶ ライ麦パン(12枚切り)………4枚
- バター(室温にもどす)………小さじ2

1 ほうれん草は2cm長さに切る。
2 パンの片面にバターを塗る。2枚にレバーのリエットを塗り、チーズ、トマト、ほうれん草を等分にのせ、残りの2枚のパンではさむ。

1人分
鉄 4.5mg
カルシウム 175mg　葉酸 663μg
エネルギー 375kcal　塩分 2.4g

arrange A
アレンジ

▶ 鉄が多い食材　▶ カルシウムが多い食材　▶ 葉酸が多い食材

アレンジ B

レバーのスープ

材料 [2人分]

- ▶▶ レバーのリエット ……… 1/6量
- A [▶ 卵(割りほぐす) ……… 2個
-    ▶ 牛乳 ……… 1½カップ]
- ▶▶ 菜の花(ゆでる) ……… 100g

1 なべにレバーのリエットを入れ、混ぜ合わせたAを少量ずつ加えて泡立て器で混ぜ合わせる。
2 弱火でとろみがつくまでかき混ぜながら火を通し、菜の花を加える。

1人分
鉄 4.8mg
カルシウム 288mg　葉酸 531μg
エネルギー 292kcal　塩分 1.5g

レバーとチーズのディップ

材料 [2人分]

- A [▶▶ レバーのリエット ……… 1/6量
-     ▶ カテージチーズ ……… 20g]
- オランダパプリカ ……… 赤・黄各½個

1 パプリカは縦半分に切り、種を除き、食べやすい大きさに切る。
2 1を器に盛り、混ぜ合わせたAを添える。

1人分
鉄 2.7mg
カルシウム 19mg　葉酸 370μg
エネルギー 122kcal　塩分 1.1g

アレンジ C

レバードレッシングのサラダ

材料 [2人分]

- ▶▶ レバーのリエット ……… 1/6量
- A [油 ……… 大さじ1
-    酢 ……… 大さじ½
-    塩・こしょう ……… 各少量]
- ▶▶ クレソン
  (食べやすい長さにちぎる) ……… 15g
- ▶▶ ルッコラ
  (食べやすい長さにちぎる) ……… 30g
- トマト(くし形切り) ……… ½個

1 レバーのリエットに混ぜ合わせたAを少しずつ加えて混ぜる。
2 野菜を器に盛り、1をかける。

1人分
鉄 2.9mg
カルシウム 47mg　葉酸 379μg
エネルギー 164kcal　塩分 1.4g

アレンジ D

アレンジ A

小松菜入りラーメン

材料 [2人分]

▶▶▶ 小松菜のナムル………… 1/3量
焼き豚の薄切り ……………… 6枚
A ┌ 水 ………………… 3カップ
  │ 中国風スープのもと・酒・
  │   しょうゆ ……… 各大さじ1
  └ 塩・こしょう ……… 各少量
中華生めん …………………… 2玉

　中華めんを好みのかたさにゆで、湯をきって器に盛り、煮立てたAを注ぎ、焼き豚と小松菜のナムルを添える。

> 1人分
> 鉄 3.5mg
> カルシウム 194mg　葉酸 104μg
> エネルギー 457kcal　塩分 5.7g

小松菜のナムル

材料 [6人分]

▶▶▶ 小松菜(ゆでる) ………… 500g
A ┌ おろしにんにく …… 1/2かけ分
  │ ごま油 …………… 大さじ1
  │ しょうゆ ………… 大さじ1/2
  │ 塩 ………………… 小さじ1/2
  └ 一味とうがらし ………… 適量

　小松菜は3cm長さに切り、混ぜ合わせたAであえる。

> 1人分
> 鉄 2.4mg
> カルシウム 143mg　葉酸 93μg
> エネルギー 33kcal　塩分 0.7g

アレンジ B

小松菜とはるさめのあえ物

材料 [2人分]

▶▶▶ 小松菜のナムル………… 1/3量
▶ はるさめ(ゆでる) ……… 乾15g
ハムの薄切り(せん切り) ……… 1枚
A ┌ 卵(割りほぐす) ………… 1個
  └ 塩 ………………………… 少量
油 …………………………… 小さじ1/2
B ┌ 酢 ………………… 大さじ1
  │ 砂糖・しょうゆ …… 各小さじ1/2
  └ 塩 ………………………… 少量

1 フライパンに油を熱し、混ぜ合わせたAを1/3量入れてまわし広げ、薄焼き卵を作る。残りも同様にし、せん切りにする。

2 すべての材料を混ぜ合わせたBであえる。

> 1人分
> 鉄 3.0mg
> カルシウム 159mg　葉酸 104μg
> エネルギー 131kcal　塩分 1.6g

▶鉄が多い食材　▶カルシウムが多い食材　▶葉酸が多い食材

アレンジ C

小松菜と豆腐のサラダ

材料[2人分]
- ▶▶▶ 小松菜のナムル……… 1/3量
- ▶▶ もめん豆腐
 （食べやすい大きさに切る）……… 2/3丁
- トマト（一口大に切る）……… 1/2個
- ちりめんじゃこ……… 大さじ2
- 油……… 大さじ1・1/2
- A
  - 酢……… 大さじ1・1/2
  - しょうゆ……… 大さじ1
  - 砂糖……… 小さじ1/3

1 フライパンに油を熱し、じゃこを色よくいため、Aに加え混ぜる。
2 豆腐、トマト、ナムルを器に盛り、1をかける。

1人分
- 鉄 3.6mg
- カルシウム 279mg　葉酸 120μg
- エネルギー 214kcal　塩分 2.2g

アレンジ D

小松菜とアサリのスープ

材料[2人分]
- ▶▶▶ 小松菜のナムル……… 1/3量
- ▶ アサリ（砂抜きする）
 ……… 殻つきで200g
- 酒……… 大さじ1
- 水……… 2カップ
- 顆粒ブイヨン……… 小さじ1/3
- 塩・こしょう……… 各少量

1 なべにアサリと酒を入れ、ふたをして火にかけ、口が開いたらアサリをとり出し、器に盛る。
2 1のなべに水とブイヨンを煮立て、小松菜のナムルを加えて塩とこしょうで味をととのえ、1に注ぐ。

1人分
- 鉄 3.9mg
- カルシウム 169mg　葉酸 93μg
- エネルギー 54kcal　塩分 1.9g

arrange A

ひじきの混ぜごはん

材料 [2人分]
- ▶▶ ひじきの煮物(汁けをきる)…⅓量
- ▶ 卵(割りほぐす)……………… 1個
- 油………………………… 小さじ½
- ▶▶ 枝豆(ゆでる) さやから出して 30g
- 温かいごはん………………… 300g

1 フライパンに油を熱し、とき卵を入れて菜箸数本でかき混ぜて細かいいり卵を作る。
2 ごはんにひじきの煮物、**1**、枝豆を加えてさっくりと混ぜる。

> 1人分
> 鉄 7.6mg
> カルシウム 251mg　葉酸 89μg
> エネルギー 423kcal　塩分 1.5g

ひじきの煮物

材料 [6人分]
- ▶▶ 生ひじき(水で洗う)……… 450g
- ▶▶ 水煮大豆(水けをきる)…… 100g
- ▶▶ 油揚げ(油抜きし、短冊に切る)・1枚
- にんじん(せん切り)…………… 30g
- ▶▶▶ サクラエビ…………… 15g
- 油………………………… 大さじ1
- A ┌ だし…………………… 1カップ
   │ しょうゆ・砂糖……… 各大さじ2
   └ 酒……………………… 大さじ1

1 なべに油を熱してにんじんを入れていため、ひじきを加えて全体に油がまわったら、油揚げ、サクラエビ、大豆を加えてひと混ぜする。
2 Aを加えて煮立て、弱火にして煮汁がほとんどなくなるまで煮る。

> 1人分
> 鉄 6.6mg
> カルシウム 226mg　葉酸 25μg
> エネルギー 105kcal　塩分 1.4g

---

arrange B

ひじきのサラダ

材料 [2人分]
- ▶▶ ひじきの煮物……………… ⅓量
- ▶▶ おかひじき(ゆでる)……… 100g
- A ┌ ▶▶▶ 練り白ごま・砂糖
   │ ………………… 各大さじ½
   │ だし…………………… 大さじ1½
   └ しょうゆ……………… 大さじ⅔

1 おかひじきは3cm長さに切る。
2 練りごまはよくすり混ぜ、残りのAを加えてよく混ぜる。
3 1とひじきの煮物を**2**であえる。

> 1人分
> 鉄 4.4mg
> カルシウム 235mg　葉酸 67μg
> エネルギー 97kcal　塩分 1.6g

▶ 鉄が多い食材　▶ カルシウムが多い食材　▶ 葉酸が多い食材

アレンジ C

ひじき入り卵焼き

材料 [2人分]

- A
  - ▶▶ ひじきの煮物(汁けをきる) ………… 1/6量
  - ▶ 卵(割りほぐす) ………… 2個
  - だし ………… 大さじ1
  - 塩 ………… 少量
- 油 ………… 大さじ1
- B
  - ▶▶▶ 青じそ ………… 2枚
  - おろし大根 ………… 100g
  - しょうゆ ………… 小さじ1

1 フライパンに油を熱し、混ぜ合わせたAを流し入れ、半熟状になったらスプーンで大きく混ぜ、片側に巻き寄せ、全体に焼き色をつける。
2 アルミ箔に包んで形を整え、あら熱がとれたら食べやすい大きさに切り、器にBと盛り合わせる。

1人分
鉄 4.3mg
カルシウム 152mg　葉酸 52μg
エネルギー 195kcal　塩分 1.4g

アレンジ D

いり豆腐

材料 [2人分]

- ▶▶ ひじきの煮物 ………… 1/3量
- ▶▶ もめん豆腐(水きりする) ………… 2/3丁
- ▶▶▶ 小松菜(ゆでる) ………… 100g
- 油 ………… 大さじ1
- A
  - 酒 ………… 大さじ1
  - しょうゆ ………… 大さじ2/3
  - 砂糖 ………… 小さじ1
- 卵(割りほぐす) ………… 1個

1 小松菜は2cm長さに切る。
2 なべに油を熱し、ひじきの煮物を入れていため、混ぜ合わせたAを半量加えていためる。
3 味がなじんだらあらくくずした豆腐を加え、残りのAと1、とき卵を加えて、混ぜながら汁けをとばす。

1人分
鉄 9.4mg
カルシウム 445mg　葉酸 105μg
エネルギー 295kcal　塩分 2.3g

凍り豆腐の牛乳煮

材料[6人分]
- ▶▶ 凍り豆腐(じか煮用)……乾6枚
- A
  - ▶ 牛乳……………………3カップ
  - 砂糖……………………大さじ3
  - 酒………………………大さじ1½
  - しょうゆ………………大さじ⅔
  - 塩………………………小さじ⅖
- ▶▶▶ 小松菜(ゆでる)………100g

1. 浅なべにAを入れ、凍り豆腐を入れて静かに煮立たせながら10分程煮、凍り豆腐をとり出し、一口大に切って器に盛る。
2. 煮汁を煮つめ、1cm長さに切った小松菜を加えて煮からめ、器に盛る。

1人分
鉄 2.5mg
カルシウム 307mg　葉酸 62μg
エネルギー 185kcal　塩分 1.0g

凍り豆腐入りスクランブルエッグ

材料[2人分]
- ▶▶ 凍り豆腐の牛乳煮………⅙量
- ▶ 卵(割りほぐす)……………2個
- わかめ………………もどして20g
- ▶ 糸三つ葉(1.5cm長さに切る)……15g
- ▶▶▶ サクラエビ………………10g
- A
  - 酒………………………小さじ1
  - しょうゆ………………小さじ½
  - 塩………………………小さじ⅙
- 油…………………………大さじ1

1. 凍り豆腐の牛乳煮は短冊切りにする。わかめは食べやすい長さに切る。
2. フライパンに油を熱し、サクラエビを入れていため、1とA、三つ葉を加え、とき卵を流し入れてスプーンで大きくかき混ぜて火を通す。

1人分
鉄 1.8mg
カルシウム 245mg　葉酸 43μg
エネルギー 241kcal　塩分 1.7g

arrange A
アレンジ

凍り豆腐と菜の花のいため物

材料[2人分]
- ▶▶ 凍り豆腐の牛乳煮………⅓量
- むきエビ(背わたを除く)……100g
- 酒………………………小さじ1
- 塩………………………少量
- ▶▶▶ 菜の花(ゆでる)…………150g
- A
  - しょうゆ………………大さじ½
  - 酒………………………小さじ1
  - 砂糖……………………小さじ⅔
- 油…………………………大さじ⅔

1. 凍り豆腐の牛乳煮は一口大に切る。
2. エビは塩と酒をふる。
3. フライパンに油を熱し、エビを入れていため、色が変わったら3cm長さに切った菜の花を加えていためる。
4. Aを加えて全体を混ぜ、1を加えて汁けをとばしながらいためる。

1人分
鉄 3.2mg
カルシウム 321mg　葉酸 269μg
エネルギー 243kcal　塩分 1.6g

arrange B
アレンジ

凍り豆腐のチャウダー

材料[2人分]

- A
  - ▶▶凍り豆腐の牛乳煮 …………… 1/6量
  - ▶アサリの水煮缶詰め …… 30g
  - ホールコーン缶詰め …… 30g
- 玉ねぎ(角切り) …………… 1/4個
- 油 ………………………… 大さじ1/2
- B
  - 水 ………………………… 2/3カップ
  - 顆粒ブイヨン ………… 小さじ1/2
  - ロリエ …………………… 1枚
- ▶牛乳 ……………………… 1 1/3カップ
- ▶▶ブロッコリー(小房に分けてゆでる) ……………………… 80g
- 塩 …… 小さじ1/4 こしょう …… 少量

1 凍り豆腐の牛乳煮は角切りにする。
2 なべに油を熱し、玉ねぎを入れていため、BとAを加えて、5分程煮る。
3 牛乳を加えて煮立ちかけたら、ブロッコリーを加えて3〜4分煮、塩とこしょうで味をととのえる。

1人分
- 鉄 6.8mg
- カルシウム 303mg 葉酸 103μg
- エネルギー 264kcal 塩分 1.9g

arrange C
アレンジ

凍り豆腐のピカタ

材料[2人分]

- ▶▶凍り豆腐の牛乳煮 ……… 1/3量
- A
  - ▶卵(割りほぐす) ………… 1個
  - ▶粉チーズ ………… 大さじ1/2
  - 塩・こしょう ………… 各少量
- 油 ………………………… 大さじ1
- ▶▶ほうれん草(ゆでる) ……… 150g
- B
  - 塩 ………………………… 小さじ1/6
  - こしょう ………………… 少量

1 凍り豆腐の牛乳煮は半分に切る。
2 フライパンに油大さじ1/2を熱し、3cm長さに切ったほうれん草を入れていため、Bで調味してとり出す。
3 フライパンに残りの油を熱し、混ぜ合わせたAに**1**をくぐらせては入れ、両面を焼く。これをAがなくなるまで同様にくり返す。
4 **3**を器に盛り、**2**を添える。

1人分
- 鉄 3.1mg
- カルシウム 291mg 葉酸 175μg
- エネルギー 293kcal 塩分 1.8g

arrange D
アレンジ

Feたっぷりのおやつ＆飲み物

鉄が多い素材には、ドライフルーツや小麦胚芽など、おやつや飲み物に利用しやすいものがたくさんあります。ちょっとひと息つきたいときにおすすめです。

抹茶のシフォンケーキ

材料［直径17cmのシフォン型1個分］
- 薄力小麦粉（ふるう）……………70g
- ▶抹茶………………………大さじ1½
- ▶卵黄……3個分　砂糖………35g
- サラダ油…………………………大さじ3
- 水……………………………¼カップ
- ［卵白……………………………4個分
- 　砂糖……………………………40g
- A［生クリーム（五分立て）……1カップ
- 　砂糖……………………………大さじ2
- 　▶ゆであずき缶詰め………120g

1 小麦粉は半量ずつ別のボールに入れ、片方に抹茶を加える。
2 卵黄と砂糖を泡立て器でもったりするまで混ぜ、油と水を加えてよく混ぜ、2つに分ける。
3 ボールに卵白を入れ、砂糖を3回に分けて加え、角が立つまでしっかり泡立てる。
4 2のボールに1をそれぞれ加えてゴムべらで混ぜる。3の½量をそれぞれ2回に分けて加え、さっくりと混ぜる。抹茶入りの生地をプレーンな生地に加えてマーブル状に切るように混ぜる。
5 型に流し入れ、型を軽く落として気泡を抜き、180度のオーブンで20分焼き、160度に下げて10～15分焼く。
6 型ごと逆さにしてさまし、型から出し、切り分けて皿に盛り、混ぜ合わせたAをかける。

1/10量　鉄 0.7mg　エネルギー 238kcal　塩分 0.1g

SWEETS

小麦胚芽とアーモンドのクッキー

材料 [20枚分]
無塩バター（室温にもどす）… 90g
きび砂糖 …………………… 70g
▶ 卵（割りほぐす）………… 1個
A ┌ ▶ 全粒粉 ……………… 85g
  │ 薄力小麦粉 …………… 80g
  │ ベーキングパウダー
  └ ………………… 小さじ½
B ┌ ▶ ココナツ（からいりする） 15g
  │ ▶ 小麦胚芽 …………… 30g
  │ ▶ アーモンドダイス
  └ （からいりする）……… 50g

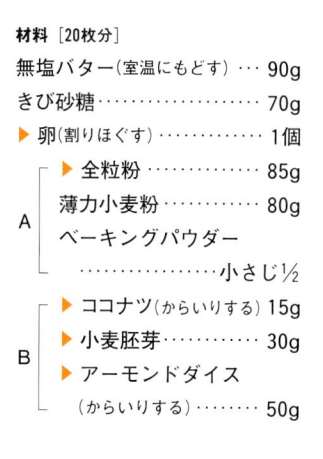

1 バターに砂糖を加えてすり混ぜ、とき卵を少量ずつ加え混ぜ、合わせてふるったAを加えてゴムべらでさっくりと混ぜ、Bを加え混ぜる。
2 棒状にまとめ、ラップに包んで冷蔵庫で1時間休ませる。
3 20等分して円形にし、オーブンシートを敷いた天板に並べて170度のオーブンで20分焼く。

1枚分 鉄 0.5mg
エネルギー 107kcal　塩分 0g

フルーツケーキ

材料 [18cm×8cmのパウンド型1個分]
A ┌ ▶ プルーン・干しあんず・
  │ ▶ レーズン・干しいちじく
  │ ………………… 各60g
  │ オレンジピール …… 30g
  └ ▶ くるみ …………… 40g
B ┌ ブランデー・赤ワイン
  └ ………………… 各½カップ
きび砂糖 …………………… 50g
とかしバター ……………… 30g
▶ とき卵 …………………… ½個分
C ┌ 薄力小麦粉 …………… 60g
  │ ▶ きな粉 ……………… 40g
  └ 重曹 ……………… 小さじ½
D ┌ ブランデー・赤ワイン
  └ ………………… 各大さじ2

1 Bは煮立ててアルコール分をとばす。みじん切りにしたオレンジピールと角切りにした残りのAと合わせて2時間以上おく。
2 1に砂糖、とかしバター、卵の順に加え混ぜ、Cをふるい入れてさっくりと混ぜ合わせる。
3 バター（分量外）を塗った型に入れ、180度に熱したオーブンで40～45分焼く。型から出し、Dを塗る。

1/15量 鉄 0.9mg
エネルギー 152kcal　塩分 0.1g

SWEET

ごまもち

材料 [8個分]

- A ┌ 白玉粉 ………… 50g
-   └ 水 …………… 80ml
- 砂糖 …………………… 70g
- ▶ すり白ごま ………… 40g
- ▶ きな粉・かたくり粉 各大さじ1
- ▶ 甘納豆 ……………… 30g

1 Aはなめらかに混ぜ合わせ、中火でたえず混ぜながら火を通し、もったりしてきたら砂糖を加えてつやが出るまで混ぜる。
2 火を消し、ごまの2/3量、きな粉、甘納豆を加え混ぜる。8等分し、残りのごまとかたくり粉を合わせたものをまぶす。

1個分 鉄 0.7mg エネルギー 105kcal 塩分 0g

そば粉のお焼き

材料 [4個分]

- A ┌ 薄力小麦粉・
-   │ ▶ そば粉 …… 各50g
-   └ 砂糖・ベーキングパウダー
-     ………… 各小さじ1/2
- B ┌ 湯 … 1/4カップ 油 … 小さじ1
- ▶ 豚ひき肉・高菜漬け … 各60g
- にんにく・しょうが … 各1/2かけ
- ごま油 ………………… 小さじ1
- C ┌ 酒・しょうゆ … 各小さじ1
- D ┌ かたくり粉・水 … 各小さじ1
- 油 ……………………… 小さじ1

1 AはふるってBを加えてこね、ラップに包んで冷蔵庫で1時間休ませる。
2 なべにごま油とみじん切りにしたにんにくとしょうがを入れて熱し、ひき肉を加えていためる。みじん切りにした高菜とCを加えていため、Dを加えてとろみをつける。
3 1を4等分して薄くのばし、2を1/4量ずつ包み、油を熱したフライパンでふたをして両面を焼く。

1個分 鉄 1.0mg エネルギー 157kcal 塩分 1.2g

きな粉入り水ようかん

材料 [4人分]

- A ┌ ▶ ゆであずき缶詰め
-   │   (あらくつぶす) …… 150g
-   └ きな粉 ……… 大さじ1
-   ┌ 水 …………… 3/4カップ
-   └ 粉かんてん ……… 小さじ1/2
- ▶ きな粉 ……………… 大さじ2

1 水にかんてんをふり入れてよく混ぜてふやかし、火にかけて約1分煮立たせ、混ぜ合わせたAを加え混ぜる。水でぬらした型に流し、冷蔵庫で冷やしかためる。
2 4等分に切り、器に盛ってきな粉をかける。

1人分 鉄 0.9mg エネルギー 102kcal 塩分 0.1g

ココアと豆乳のムース

材料[6個分]
- 粉ゼラチン……小さじ1½
- 水……大さじ2
- ▶豆乳……1½カップ
- ▶ココア……大さじ1
- ▶チョコレート（湯せんでとかす）……50g
- A ┌ 生クリーム……¼カップ
-    └ 砂糖……40g

1 ゼラチンは水にふり入れてふやかしておく。
2 ココアに豆乳を少しずつ加え混ぜ合わせ、チョコレートに加えて火にかけ、煮立つ直前に火を消し、1を加えてとかす。
3 ボールにこし入れ、氷水を当ててとろみをつけ、七分立てにしたAを混ぜ合わせる。水でぬらした型に流し入れ、冷蔵庫で冷やしかためる。

1個分 鉄1.0mg エネルギー138kcal 塩分0g

さつま芋のプリン

材料[6個分]
- A ┌ 砂糖……50g
-    └ 水……大さじ1
- 熱湯……大さじ1⅓
- B ┌ ▶豆乳……1¼カップ
-    └ 砂糖……40g
- ▶卵（割りほぐす）……3個
- C ┌ さつま芋（ゆでてつぶす）……200g
-    └ 牛乳……½カップ

1 なべにAを入れて火にかけ、濃い褐色になったら火を消して熱湯を加え、バター（分量外）を塗った型に流し入れる。
2 Bは沸騰直前まで温めてとき卵に少しずつ加え混ぜる。混ぜ合わせたCを加えてこし器でこし、1の型に流す。
3 天板に並べて湯を張り、150度のオーブンで30分蒸し焼きにする。

1個分 鉄1.2mg エネルギー171kcal 塩分0.1g

あんずのアイスクリーム

材料[6人分]
- A ┌ ▶干しあんず（あらみじん切り）……50g
-    └ 水……½カップ
- アイスクリーム……200g
- ▶白いんげん豆の甘煮……100g
- ▶練り白ごま……大さじ2

1 なべにAを入れ、中火で水けがなくなるまで煮、さます。白いんげん豆は裏ごす。
2 すべての材料を混ぜ合わせ、金属製のバットなどに入れて冷凍庫で冷やしかためる。

1人分 鉄1.1mg エネルギー153kcal 塩分0.2g

くるみとごまのお汁粉風

材料 [4人分]

- A
  - 白玉粉 …………… 50g
  - 豆乳 …………… 大さじ2
- ▶枝豆(ゆでて薄皮を除く)
  - ……… さやから出して30g
- B
  - ▶くるみ …………… 60g
  - 砂糖 …………… 50g
  - ▶練り白ごま … 大さじ2
  - ▶豆乳 ……… 1½カップ
- C かたくり粉・水 … 各小さじ1

1 枝豆は裏ごしし、よく混ぜ合わせたAに練り込む。16等分して丸め、ゆでて冷水にとる。
2 Bはなめらかになるまでミキサーにかけ、火にかけて温めてCでとろみをつけ、**1**を加える。器に盛り、ごま少量(分量外)をふる。

1人分 鉄 2.4mg　エネルギー 288kcal　塩分 0g

ほうれん草のロールケーキ

材料 [1本分]

- A
  - ▶卵(割りほぐす) ……… 1個
  - とかしバター ……… 30g
  - ▶ほうれん草(ちぎる) … 60g
- B
  - ▶卵(割りほぐす) ……… 3個
  - きび砂糖・薄力小麦粉
    - ……………… 各50g
- ▶卵黄 …………… 2個分
- きび砂糖 …………… 20g
- 薄力小麦粉 ………… 大さじ⅔
- ▶豆乳 …………… 1½カップ
- ▶ゆであずき缶詰め …… 100g

1 Aはミキサーで撹拌する。
2 Bの卵と砂糖をもったりするまでハンドミキサーで混ぜ、薄力粉を加え混ぜ、**1**を加えてむらなく混ぜる。オーブンシートを敷いた天板に流し、200度のオーブンで12分焼く。
3 卵黄と砂糖をすり混ぜ、薄力粉を加え混ぜ、温めた豆乳を加え混ぜる。なべにこし入れ、つやが出るまで混ぜながら火を通し、バットに移してさます。
4 2にゆであずきを広げて**3**を塗り、端から巻く。

1/10量 鉄 1.4mg　エネルギー 142kcal　塩分 0.2g

グラノーラ

材料 [6人分]

- A
  - ▶オートミール …… 200g
  - ▶アーモンドダイス …40g
- B
  - ▶いり白ごま …… 大さじ3
  - ▶小麦胚芽 ………… 40g
  - メープルシロップ …… 90g
  - 油 …………… 大さじ1
- C
  - ▶プルーン・クランベリー・
  - ▶干しあんず・レーズン
    - …………… 各40g
- 牛乳 …………… 適量

1 Aは160度のオーブンで10分から焼きする。Bと混ぜ合わせ、160度のオーブンで20分、途中かき混ぜながら焼く。
2 あら熱がとれたら、細かく切ったCと合わせ、1人分(⅙量)に牛乳をかける。

1人分 鉄 3.3mg　エネルギー 354kcal　塩分 0g

DRINK

抹茶入り豆乳

材料［2人分］
- 抹茶……………小さじ2
- はちみつ…………大さじ2
- 豆乳……………2カップ

すべての材料を合わせてミキサーで撹拌する。

1人分 鉄 3.0mg
エネルギー 163kcal　塩分 0g

そら豆と豆乳のホットドリンク

材料［2人分］
- そら豆（ゆでて薄皮を除く）
　……さやから出して2カップ
- 白みそ……………大さじ3
- 豆乳……………1½カップ

すべての材料を合わせてミキサーで撹拌し、小なべに移して温める。

1人分 鉄 4.6mg
エネルギー 215kcal　塩分 1.6g

小麦胚芽とさつま芋のホットドリンク

材料［2人分］
- さつま芋（一口大に切る）‥100g
- 小麦胚芽……………15g
- きび砂糖…………大さじ1½
- 牛乳……………1½カップ

1 さつま芋はラップに包んで電子レンジ（600W）で2分加熱する。
2 すべての材料を合わせてミキサーで撹拌し、小なべに移して温める。

1人分 鉄 1.1mg
エネルギー 229kcal　塩分 0.2g

豆腐とあずきのお汁粉風

材料［2人分］
- もめん豆腐…………100g
- ゆであずき缶詰め……200g
- 牛乳……………1カップ

豆腐は3〜4つにちぎる。すべての材料を合わせてミキサーで撹拌し、小なべに移して温める。

1人分 鉄 1.8mg
エネルギー 324kcal　塩分 0.3g

▶鉄分が豊富な食材

かぼちゃとアーモンドのホットドリンク

材料[2人分]
かぼちゃ（一口大に切る）
　　　　　　　　　　150g
▶ アーモンドプードル……30g
ブラウンシュガー …大さじ1½
牛乳……………… 1½カップ

1 かぼちゃはラップに包んで電子レンジ（600W）で3分加熱する。アーモンドはフライパンでからいりする。
2 すべての材料を合わせてミキサーで撹拌し、小なべに移して温める。

1人分 鉄 1.1mg
エネルギー 289kcal　塩分 0.2g

枝豆ショコラ

材料[2人分]
▶ 枝豆（ゆでる）
　　　……さやから出して½カップ
▶ ココア ………… 大さじ2
砂糖……………… 大さじ3
牛乳……………… 2カップ

すべての材料を合わせてミキサーで撹拌にする。

1人分 鉄 1.8mg
エネルギー 256kcal　塩分 0.2g

プルーン入りきな粉ミルク

材料[2人分]
▶ プルーン（種抜き）……… 4個
▶ きな粉 ………… 大さじ3
はちみつ………… 大さじ1
牛乳……………… 2カップ

すべての材料を合わせてミキサーで撹拌する。

1人分 鉄 1.1mg
エネルギー 249kcal　塩分 0.2g

あんずとオレンジのヨーグルトドリンク

材料[2人分]
▶ 干しあんず………… 40g
オレンジ ……………… 2個
プレーンヨーグルト …2カップ

オレンジは厚皮を除き、一口大に切る。すべての材料を合わせてミキサーで撹拌する。

1人分 鉄 0.8mg
エネルギー 257kcal　塩分 0.2g

DRINK

モロヘイヤ入り きな粉ミルク

材料[2人分]
- モロヘイヤ……………20g
- きな粉……………大さじ3
- ゆであずき缶詰め……120g
- 牛乳………………2カップ

1 モロヘイヤはラップに包んで電子レンジ(600W)で30秒加熱し、あら熱をとる。
2 すべての材料を合わせてミキサーで撹拌する。

1人分 鉄 1.7mg エネルギー 315kcal 塩分 0.3g

ほうれん草とパパイヤのドリンク

材料[2人分]
- ほうれん草………………50g
- パパイヤ(一口大に切る)……300g
- レモン汁……………小さじ2
- 牛乳………………2カップ

1 ほうれん草はラップに包んで電子レンジ(600W)で30秒加熱し、水にさらしてアクを除く。
2 すべての材料を合わせてミキサーで撹拌する。

1人分 鉄 0.8mg エネルギー 204kcal 塩分 0.2g

小松菜とりんごのジュース

材料[2人分]
- 小松菜……………………40g
- りんご(一口大に切る)………1個
- にんじん(2〜3つに切る)……20g
- 水…………………2カップ

小松菜はラップに包んで電子レンジ(600W)で30秒加熱し、あら熱をとる。すべての材料を合わせてミキサーで撹拌する。

1人分 鉄 0.6mg エネルギー 61kcal 塩分 0g

ごま入りバナナドリンク

材料[2人分]
- バナナ………………………1本
- きな粉……………大さじ5
- いり白ごま・はちみつ
　　　　　　　　各大さじ2
- 牛乳………………1½カップ

バナナは皮を除いて2〜3つに折る。すべての材料を合わせてミキサーで撹拌する。

1人分 鉄 2.6mg エネルギー 330kcal 塩分 0.2g

▶鉄が多い食材

料理＆栄養価一覧

ここに掲載した数値は科学技術庁資源調査会編「五訂日本食品標準成分表」の数値に基づき、計算したものです。
栄養価計算は特別記載のあるもの以外は1人分です。

料理名	掲載ページ	エネルギー kcal	たんぱく質 g	脂質 g	炭水化物 g	鉄 mg	食物繊維 g	カルシウム mg	ナトリウム mg	カリウム mg	レチノール当量 μg	ビタミンB_1 mg	ビタミンB_2 mg	葉酸 μg	ビタミンK μg	ビタミンC mg	コレステロール mg	食塩相当量 g
肉を使ったFeたっぷりの献立＆おかず																		
主菜																		
枝豆入り松風焼き	12	216	17.6	11.2	9.4	1.1	1.3	39	429	369	31	0.11	0.11	61	33	6	59	1.1
牛肉とそら豆のオイスターソースいため	14	297	20.3	16.1	15.9	2.2	1.8	26	781	536	18	0.19	0.25	63	21	13	53	2.0
牛肉のアスパラロール	15	251	19.7	17.0	1.1	1.6	1.2	110	437	436	436	0.15	0.31	130	35	23	64	1.1
鶏レバーの高菜いため	15	192	19.9	9.2	5.0	9.6	2.0	52	746	507	14151	0.41	1.85	1335	81	30	371	1.9
豚ヒレと大根のスープ煮	16	104	13.1	1.2	9.7	2.5	3.6	162	577	645	326	0.56	0.24	110	137	38	33	1.4
豚ヒレとプルーンの赤ワイン煮	16	200	13.9	1.0	27.0	1.5	4.3	41	715	571	57	0.54	0.20	37	4	2	32	1.8
ステーキきのこソース	17	277	21.3	19.5	3.4	1.8	1.9	14	672	552	37	0.17	0.31	40	29	5	69	1.7
豚レバーとにらのいため物	18	182	17.3	8.6	6.6	10.2	1.1	22	558	373	9848	0.29	2.77	648	41	24	188	1.4
豚ヒレのザーサイいため	18	194	23.6	8.0	4.2	1.5	1.3	20	691	557	48	1.00	0.31	21	19	49	64	1.7
豚レバーのカレームニエル	19	238	18.0	12.2	13.1	11.8	3.1	52	483	805	10304	0.36	2.88	777	220	67	188	1.2
牛肉とごぼうのごまいため	20	272	17.5	14.9	14.6	2.0	3.5	63	386	505	7	0.13	0.21	84	14	7	52	0.9
フランクフルトとブロッコリーのブレゼ	20	294	12.5	18.9	16.6	1.5	4.3	54	1047	555	769	0.26	0.22	126	86	74	45	2.7
鶏ひき肉と菜の花の卵とじ	21	205	15.0	11.8	8.9	2.7	2.5	125	557	440	268	0.15	0.41	200	147	67	230	1.4
牛タンと玉ねぎのマスタードいため	21	292	12.6	23.1	6.4	2.2	1.2	30	432	292	70	0.14	0.27	35	32	34	76	1.1
牛レバーのストロガノフ	22	186	16.5	6.0	13.9	3.6	1.7	31	629	501	864	0.22	2.34	776	17	30	181	1.6
ローストビーフサンド	23	279	17.5	11.9	26.0	2.2	2.0	31	483	374	119	0.12	0.22	51	40	11	51	1.2
ハム入り巣ごもり卵	23	130	11.1	8.2	2.8	2.5	2.1	65	575	636	600	0.23	0.39	179	210	36	218	1.4
手作り焼きとり	23	137	15.8	2.5	11.0	7.2	1.6	22	578	428	10517	0.32	1.38	992	20	29	278	1.5
副菜																		
ハムとほうれん草のサラダ	24	126	7.2	9.7	2.8	1.6	2.1	102	478	577	553	0.21	0.21	161	210	36	16	1.2
とうもろこしと牛ひき肉のいため物	25	174	10.9	9.9	9.2	1.0	1.7	6	422	241	19	0.06	0.13	16	16	3	35	1.0
鶏ひき肉とはるさめのスープ	25	119	7.2	5.1	12.0	1.9	2.8	86	439	283	193	0.10	0.17	173	137	66	20	1.1
かぼちゃと牛肉の煮物	26	175	8.4	4.6	24.0	1.4	3.1	24	640	568	501	0.12	0.16	70	23	35	17	1.6
牛肉とえのきのきんぴら	26	222	16.3	14.1	6.7	1.6	1.7	10	381	424	25	0.16	0.24	46	20	2	52	1.0
鶏ひき肉と高菜のうま煮	26	202	15.8	11.8	5.4	1.1	2.1	64	585	415	264	0.08	0.12	38	119	14	59	1.5
さつま芋のそぼろ煮	27	220	6.7	3.1	40.5	0.9	2.3	46	538	627	12	0.14	0.07	53	9	30	20	1.4
ローストビーフとじゃが芋のサラダ	28	189	12.1	10.3	12.4	1.5	1.0	14	504	376	26	0.10	0.16	26	20	20	44	1.3
牛タンと玉ねぎのマリネ	29	297	12.1	24.4	4.9	2.1	1.0	28	379	241	54	0.11	0.24	26	35	11	76	1.0
鶏レバーと玉ねぎの煮物	29	143	15.9	2.4	12.6	7.1	1.4	26	753	430	10718	0.32	1.39	994	15	20	278	1.9

料理名	掲載ページ	エネルギー kcal	たんぱく質 g	脂質 g	炭水化物 g	鉄 mg	食物繊維 g	カルシウム mg	ナトリウム mg	カリウム mg	レチノール当量 μg	ビタミンB1 mg	ビタミンB2 mg	葉酸 μg	ビタミンK μg	ビタミンC mg	コレステロール mg	食塩相当量 g
肉が主役のFeたっぷりの常備菜＆アレンジ料理																		
大豆入り肉みそ	30	133	10.3	6.9	6.8	0.7	2.0	24	390	217	2	0.32	0.10	14	5	1	22	1.0
ほうれん草の肉みそいため	30	178	12.2	10.2	9.4	2.3	4.1	61	573	746	527	0.40	0.26	172	213	27	22	1.4
豆腐の肉みそあんかけ	31	204	17.8	9.8	10.7	3.2	3.7	275	422	578	186	0.35	0.25	197	147	65	11	1.0
肉みそサンド	31	328	16.8	12.3	37.2	1.5	3.7	59	686	379	71	0.39	0.16	51	21	6	22	1.7
魚介を使ったFeたっぷりの献立＆おかず																		
主菜																		
イワシのパン粉焼き	32	333	20.7	24.3	5.3	2.1	1.1	94	568	343	95	0.05	0.38	32	24	18	65	1.4
アサリと小松菜の卵とじ	34	162	10.6	7.0	10.5	3.8	1.1	151	871	465	407	0.10	0.35	82	115	20	222	2.2
サンマの高菜煮	34	344	19.8	24.7	6.2	2.1	1.9	80	1047	388	164	0.04	0.32	53	57	10	67	2.6
カツオのたたき	35	137	27.7	0.6	4.5	3.1	1.8	123	575	732	116	0.18	0.27	86	61	29	60	1.5
アサリの酒蒸し	36	58	3.9	3.2	1.5	2.5	0.3	48	1693	126	34	0.02	0.10	8	26	4	24	4.3
カツオのスパイシー揚げ	37	212	27.2	5.7	9.5	2.5	0.6	24	557	517	32	0.15	0.20	15	17	1	60	1.4
マグロのカルパッチョ	37	151	20.1	7.1	0.5	1.0	0.3	22	234	316	132	0.08	0.06	26	28	8	38	0.6
しめサバのごまだれかけ	38	324	17.1	24.6	6.2	2.5	2.6	132	910	418	129	0.16	0.29	45	64	9	49	2.3
サバのぬか煮	38	267	23.6	12.7	12.2	1.9	1.5	29	931	525	27	0.26	0.35	52	8	3	65	2.4
丸干しの揚げ漬け	39	245	25.6	11.1	8.8	3.7	2.7	356	1292	529	31	0.04	0.34	64	14	4	83	3.3
イワシのにら入りつみれ	39	289	18.1	18.1	11.2	2.8	3.1	125	498	658	424	0.15	0.39	123	81	20	49	1.3
ウナギのスパゲティ	40	446	22.1	18.8	44.7	1.9	3.5	101	1146	534	898	0.57	0.49	74	15	7	115	2.9
ブリのチーズ焼き	40	287	22.2	20.3	1.0	1.1	0.2	146	381	337	335	0.20	0.38	9	3	11	58	1.0
カキのクラッカー衣揚げ	41	186	8.3	9.4	16.2	2.1	0.9	112	701	283	133	0.07	0.19	72	58	8	71	1.8
カキの黒酢いため	42	179	9.1	9.7	11.7	2.2	1.0	95	769	318	96	0.07	0.24	56	30	7	144	1.9
シシャモのバジルソテー	43	205	12.8	15.4	1.9	1.2	0.3	282	472	195	107	0.01	0.26	22	5	1	232	1.2
マグロの納豆おろし添え	43	146	23.8	3.1	5.0	1.6	1.9	31	388	571	72	0.12	0.13	49	263	8	38	0.9
ホタテ貝の網焼き	43	101	17.5	1.3	4.4	2.9	1.4	29	642	532	50	0.12	0.41	117	5	10	40	1.6
副菜																		
マグロのオクラ山かけ	44	169	23.5	1.7	14.5	1.6	2.3	29	383	668	95	0.18	0.11	44	24	7	38	0.9
カキのみぞれ酢あえ	45	61	5.3	1.1	6.9	1.6	1.0	85	793	319	27	0.05	0.12	55	3	11	38	2.0
なまり節のしょうが煮	45	173	30.4	1.0	8.1	6.0	1.5	146	596	890	390	0.37	0.30	93	158	29	71	1.5
アサリのみそ汁	46	37	4.2	0.9	3.0	2.1	0.6	44	1037	115	3	0.01	0.08	6	1	0	16	2.6
シジミのしょうゆ漬け	46	37	2.6	0.3	5.0	1.6	0.2	38	787	97	21	0.02	0.09	14	3	2	19	2.0
船場汁	46	100	8.9	4.2	5.0	1.3	1.7	89	566	500	171	0.11	0.17	60	69	19	22	1.5
丸干しと京菜のサラダ	47	155	14.3	8.2	4.8	2.6	1.7	228	974	493	273	0.09	0.25	107	53	25	41	2.5
イワシとわけぎの酢みそあえ	48	224	17.4	10.8	13.5	2.1	2.9	108	418	456	368	0.08	0.36	101	129	28	49	1.1
アカガイの酢の物	49	45	7.3	0.2	3.0	2.6	0.3	28	424	217	34	0.11	0.11	17	9	4	23	1.1
じゃこと枝豆の煮物	49	133	6.1	8.4	6.7	1.1	2.2	43	610	264	27	0.12	0.06	124	22	11	18	1.6
魚が主役のFeたっぷりの常備菜＆アレンジ料理																		
カツオのカレー角煮	50	138	22.5	0.5	8.8	1.9	0.7	21	493	450	5	0.12	0.16	13	0	3	50	1.2
カツオ入りポテトサラダ	50	223	19.2	5.3	23.6	1.9	2.0	48	667	747	26	0.18	0.18	36	17	33	49	1.7
カツオのチーズピカタ	51	246	27.1	10.0	9.1	2.4	0.8	74	614	496	67	0.14	0.30	31	16	3	159	1.6
カツオ入り野菜いため	51	197	18.3	6.5	13.9	1.8	2.4	51	742	549	153	0.13	0.15	66	59	35	38	1.9

料理名	掲載ページ	エネルギー kcal	たんぱく質 g	脂質 g	炭水化物 g	鉄 mg	食物繊維 g	カルシウム mg	ナトリウム mg	カリウム mg	レチノール当量 µg	ビタミンB1 mg	ビタミンB2 mg	葉酸 µg	ビタミンK µg	ビタミンC mg	コレステロール mg	食塩相当量 g
豆・豆製品を使ったFeたっぷりの献立＆おかず																		
主菜																		
湯葉とゴーヤーの卵サラダ	52	137	8.3	8.3	7.6	1.5	2.9	44	554	387	94	0.10	0.21	90	37	59	105	1.4
大豆とそら豆のかき揚げ	54	382	13.0	22.7	28.9	1.5	3.0	135	371	247	75	0.16	0.20	65	37	10	65	0.9
豆腐入りもつ煮	54	239	21.3	5.5	22.7	8.5	3.8	131	1520	667	10720	0.36	1.42	1028	22	23	278	3.8
レンズ豆のカレー	55	547	19.0	14.9	81.1	3.7	6.5	58	658	641	399	0.24	0.18	72	38	21	31	1.7
チリコンカン	56	261	16.3	14.8	14.9	2.2	6.7	57	663	573	102	0.16	0.16	42	24	13	35	1.7
厚揚げとはるさめのいため煮	56	198	10.7	10.4	13.9	4.1	2.2	343	622	531	390	0.12	0.13	106	179	29	21	1.5
納豆ザーサイチャーハン	57	523	15.9	14.3	78.5	2.3	2.7	69	968	373	85	0.10	0.39	63	239	1	210	2.5
黒豆ごはん	57	256	10.1	2.7	44.7	1.3	1.8	33	320	268	2	0.13	0.05	28	4	1	12	0.8
副菜																		
白いんげん豆のトマトスープ	58	171	19.4	6.7	19.7	1.8	8.8	54	570	663	147	0.32	0.17	123	72	69	8	1.5
厚揚げのガドガド	59	199	11.1	12.3	9.9	2.3	2.9	197	608	436	224	0.11	0.09	99	108	30	0	1.5
いろいろ豆サラダ	59	180	8.1	8.6	17.5	1.7	8.6	69	289	324	75	0.11	0.07	66	50	5	0	0.7
こんぶ豆	60	141	10.4	5.0	13.3	1.5	5.3	83	711	106	2	0.02	0.03	13	4	0	0	1.8
きくらげの白あえ	60	78	4.7	3.4	10.9	5.3	6.0	227	422	530	390	0.12	0.19	100	161	30	0	1.0
納豆ととんぶりのあえ物	60	121	9.4	6.2	8.0	2.1	4.3	67	173	372	19	0.06	0.31	75	449	1	0	0.4
油揚げと春菊のサラダ	60	98	4.4	7.4	4.9	1.4	2.5	93	455	366	263	0.10	0.12	82	100	9	0	1.2
湯葉とそら豆の煮浸し	61	92	8.0	0.8	12.2	1.6	1.6	20	396	321	23	0.18	0.13	71	11	13	0	1.0
おからと油揚げの煮物	61	134	5.4	7.1	12.3	1.2	5.9	75	375	292	14	0.07	0.03	12	20	0	0	1.0
さつま芋のあずき煮	61	141	1.7	0.2	32.8	0.7	2.2	32	102	383	3	0.09	0.03	39	1	22	0	0.2
豆腐のイタリアンサラダ	61	133	9.3	8.8	3.9	1.1	1.0	195	480	251	75	0.10	0.08	30	28	7	5	1.2
豆・豆製品が主役のFeたっぷりの常備菜＆アレンジ料理																		
大豆のトマト煮	62	241	18.2	12.3	15.4	2.3	7.0	69	489	799	96	0.26	0.15	58	12	12	18	1.2
大豆のトマト煮のスパゲティ	62	483	27.3	14.6	58.8	3.2	8.7	119	925	924	105	0.37	0.21	66	13	12	20	2.3
サバと大豆のトマト煮	63	417	30.7	24.6	17.2	3.6	6.8	84	714	1192	442	0.37	0.43	158	151	27	61	1.8
大豆とトマトの野菜スープ	63	190	12.0	6.6	22.6	1.9	7.4	63	728	809	430	0.23	0.20	138	83	78	9	1.9
野菜・乾物を使ったFeたっぷりの献立＆おかず																		
主菜																		
せりとアサリの炊き込みごはん	64	244	5.9	0.7	50.7	1.7	0.9	26	540	197	78	0.07	0.08	35	38	5	8	1.4
豚ヒレと京菜のたたき	66	230	24.8	11.0	5.7	2.3	1.7	115	771	709	110	1.03	0.36	76	75	30	64	2.0
ほうれん草と豚レバーの薬味ソース	66	152	18.5	3.0	11.3	11.6	2.8	59	567	840	10325	0.37	2.89	787	219	47	188	1.4
菜の花とホタテ貝のチーズパスタ	67	463	27.6	13.8	55.0	3.3	5.9	270	669	884	341	0.31	0.49	330	199	101	41	1.7
切り干し大根の中国風卵焼き	68	309	13.4	10.5	41.0	6.3	11.9	305	636	1826	296	0.27	0.38	89	17	5	220	1.6
小松菜の牛肉あんかけ	69	187	12.5	10.9	8.0	3.7	2.2	178	697	730	522	0.14	0.25	122	220	40	35	1.7
グリーンピースとハムの煮物	69	144	8.8	5.2	15.7	1.5	6.6	30	432	399	403	0.43	0.16	66	25	26	8	1.1
枝豆とエビのいため物	69	245	22.8	11.6	7.9	1.2	2.4	97	835	495	17	0.19	0.09	141	28	12	151	2.1
副菜																		
ひじきとさつま芋の煮物	70	129	2.0	0.2	30.2	3.8	4.4	115	379	641	42	0.11	0.10	47	23	22	0	1.0
ザーサイとアスパラのいため物	71	63	2.8	4.0	1.4	1.3	2.5	60	1257	345	473	0.12	0.13	148	42	11	0	1.1
小松菜と松の実のナムル	71	62	1.9	5.4	2.5	2.4	1.8	128	207	410	390	0.10	0.11	87	159	29	0	0.5
そら豆の塩ゆで	72	57	5.7	0.1	8.1	1.2	1.4	12	1	231	21	0.16	0.11	63	9	12	0	0.0

料理名	掲載ページ	エネルギー kcal	たんぱく質 g	脂質 g	炭水化物 g	鉄 mg	食物繊維 g	カルシウム mg	ナトリウム mg	カリウム mg	レチノール当量 μg	ビタミンB1 mg	ビタミンB2 mg	葉酸 μg	ビタミンK μg	ビタミンC mg	コレステロール mg	食塩相当量 g
グリーンピースのひすい煮	72	119	4.6	0.2	23.4	1.0	4.6	18	413	274	42	0.24	0.11	47	16	11	0	1.1
サニーレタスと山芋のサラダ	72	89	2.6	5.2	8.4	0.9	1.4	30	266	363	148	0.09	0.06	51	54	14	2	0.7
クレソンと枝豆のおろしあえ	73	60	4.2	2.1	6.3	1.1	2.7	42	253	389	37	0.12	0.07	136	19	18	0	0.6
切り干し大根とあんずのなます	73	104	2.8	0.2	23.7	2.3	5.1	125	463	809	90	0.08	0.05	24	9	2	6	1.2
せりとじゃこのいため浸し	73	59	2.9	3.1	4.5	1.1	1.5	34	365	306	199	0.04	0.09	69	101	12	12	0.9
野菜・乾物が主役のFeたっぷりの常備菜&アレンジ料理																		
大根葉のしょうゆ漬け	74	45	2.4	0.5	7.8	2.5	3.2	209	397	368	490	0.08	0.14	109	203	40	0	1.0
大根葉とじゃこの混ぜごはん	74	321	9.2	3.4	59.8	1.9	2.0	133	511	273	290	0.09	0.19	71	105	20	117	1.3
大根葉と豚肉の辛味いため	74	228	18.3	11.3	10.6	3.2	3.9	223	815	697	502	0.77	0.32	126	212	43	51	2.0
切り干し大根のスープ煮	75	101	2.8	3.5	15.4	1.7	4.1	98	474	629	350	0.13	0.06	23	5	7	4	1.2
切り干し大根入りチヂミ	75	336	12.0	12.3	42.7	2.9	5.3	138	748	801	499	0.21	0.30	60	39	9	214	1.9
切り干し大根入り焼きそば	75	360	11.4	11.2	53.3	2.6	7.4	244	966	965	366	0.18	0.10	92	65	45	39	2.4
貧血が気になる人の献立&おかず																		
牛肉と大豆のカレーいため	76	289	20.4	18.0	12.3	2.0	5.0	49	743	614	31	0.16	0.31	66	25	7	52	1.9
レバーソースポテトサラダ	78	188	4.4	11.5	17.5	2.5	2.6	34	434	700	995	0.15	0.34	145	146	45	20	1.1
ビビンバ	80	548	23.2	20.4	62.5	4.0	2.4	148	318	659	699	0.20	0.35	107	122	23	304	0.8
牛タンの塩焼き	81	210	11.8	16.4	1.9	2.2	0.9	20	241	208	59	0.11	0.25	19	21	17	75	0.6
豚ヒレの高菜卵あんかけ	81	200	25.1	8.3	4.2	1.8	1.3	45	882	544	139	1.01	0.36	30	55	8	117	2.2
牛肉のトマトいため	81	259	18.3	16.4	10.3	1.9	4.0	37	714	723	135	0.19	0.33	141	97	75	52	1.8
牛レバーの甘酢いため	82	201	16.4	8.9	12.2	3.3	1.3	18	470	381	838	0.20	2.28	765	19	35	181	1.2
そら豆ごはんの鶏そぼろかけ	82	277	9.6	3.1	48.4	1.1	0.9	11	576	228	15	0.13	0.08	39	11	6	13	1.5
牛もも肉の柳川風	83	233	16.9	11.8	11.5	1.9	1.3	42	489	364	90	0.09	0.34	45	15	2	245	1.2
ギョーザ風サモサ	83	263	12.4	9.2	31.4	3.6	2.8	29	421	511	3579	0.21	0.53	359	38	28	103	1.1
かんたんビーフシチュー	84	268	18.1	13.4	18.3	2.2	3.9	49	870	665	117	0.18	0.28	131	92	70	52	2.2
ハムとほうれん草とチーズのスクランブルエッグ	84	231	14.0	18.0	2.2	2.1	1.4	147	716	473	467	0.21	0.40	131	153	28	230	1.8
フランクフルトとコーンのソテー	84	319	11.5	24.9	12.9	1.8	2.6	40	909	566	357	0.23	0.21	115	150	28	45	2.3
レバー入りミートソース	85	394	24.3	8.7	51.6	6.1	4.1	30	641	684	7104	0.64	1.04	692	16	23	202	1.6
豚ヒレと大根葉の甘辛煮	86	148	18.9	1.5	13.1	2.5	2.1	136	570	550	325	0.79	0.30	74	135	27	48	1.4
鶏レバーのバジルいため	87	157	14.9	8.4	4.8	7.0	0.9	12	417	411	10588	0.33	1.38	995	19	31	278	1.0
鶏レバーの牛丼風	87	389	19.4	2.8	66.8	7.2	1.4	24	751	433	10514	0.34	1.39	993	16	19	278	1.9
豚レバーの中国風マリネ	87	225	16.5	11.6	9.7	10.0	0.5	13	781	302	9823	0.27	2.72	619	12	19	188	2.0
砂肝のおろしあえ	88	78	9.9	1.1	6.2	1.5	1.9	37	422	358	12	0.06	0.16	56	17	26	100	1.0
牛ひき肉とれんこんのきんぴら	88	164	6.8	9.4	12.6	0.9	1.8	13	367	394	1	0.12	0.10	26	11	24	17	0.9
ハム入りコーンスープ	88	181	9.3	9.0	15.6	0.4	0.8	181	734	364	83	0.19	0.28	19	17	15	27	1.9
コンビーフとキャベツのいため物	89	174	10.9	12.7	4.8	2.0	1.4	40	485	207	6	0.04	0.09	61	71	31	34	1.2
ホタテ貝のムニエルトマトソース	90	257	29.3	9.4	13.4	6.2	3.8	86	749	1292	702	0.21	0.62	308	213	41	78	1.8
マグロのモロヘイヤあえ丼	91	382	27.0	2.6	60.6	1.8	3.8	161	552	648	913	0.21	0.28	145	321	35	38	1.4
ブリと厚揚げの焼きとり風	91	243	16.1	13.1	11.7	1.9	1.1	107	787	363	31	0.16	0.23	35	15	8	37	2.0
ブリのマヨネーズ焼き	92	286	20.9	20.0	3.6	3.7	1.5	143	482	758	447	0.28	0.44	93	168	32	71	1.2
ウナギのにんにくチャーハン	92	673	27.2	25.9	78.6	1.7	1.5	141	1024	420	1169	0.67	0.71	77	18	4	278	2.6
マグロのユッケ	92	231	30.4	9.5	3.2	3.0	1.1	64	401	608	306	0.19	0.20	90	72	10	302	1.0
カツオのシャリアピンステーキ風	93	195	26.9	6.7	5.8	2.4	1.5	37	494	602	65	0.16	0.22	30	53	6	61	1.2

料理名	掲載ページ	エネルギー kcal	たんぱく質 g	脂質 g	炭水化物 g	鉄 mg	食物繊維 g	カルシウム mg	ナトリウム mg	カリウム mg	レチノール当量 μg	ビタミンB_1 mg	ビタミンB_2 mg	葉酸 μg	ビタミンK μg	ビタミンC mg	コレステロール mg	食塩相当量 g
カキのさくさく揚げ	94	215	7.4	8.9	24.8	1.9	1.7	96	700	309	480	0.09	0.15	66	51	6	38	1.8
イワシの洋風照り焼き丼	94	481	16.6	13.6	68.1	1.8	2.8	56	813	438	742	0.13	0.27	14	11	6	33	2.0
ボンゴレビアンコ	95	265	10.1	4.5	43.3	2.7	3.0	50	942	437	105	0.17	0.13	32	11	12	16	2.4
アサリと厚揚げのXO醬いため	95	175	7.3	10.5	5.0	3.4	1.3	193	545	322	258	0.06	0.13	61	83	19	16	1.8
カキのクリームスープ	96	271	14.4	15.7	17.1	1.9	1.6	232	993	499	98	0.28	0.37	53	15	19	70	2.5
ザーサイじゃこいため	97	34	2.2	0.2	5.2	0.9	2.3	62	1516	277	9	0.04	0.04	33	10	6	13	3.8
カキと玉ねぎの甘辛煮	97	97	6.1	1.1	14.3	1.7	1.6	88	654	322	375	0.06	0.14	49	5	8	39	1.7
アサリの甘辛蒸し	97	40	4.3	0.4	3.1	2.5	0.2	45	951	112	7	0.02	0.11	2	1	1	24	2.4
サクラエビの韓国風つくだ煮	98	78	5.7	4.5	3.4	0.5	0.4	179	347	123	0	0.03	0.02	23	5	0	53	0.9
シジミごはん	98	258	5.9	2.1	50.9	1.5	0.5	38	373	120	11	0.06	0.06	15	7	Tr	11	0.9
ホタテ貝のおかひじきあえ	98	68	10.6	0.2	5.1	0.9	1.3	81	438	594	275	0.03	0.11	91	155	12	17	1.1
アサリとかぶの煮物	99	58	3.5	0.3	9.3	4.7	2.1	118	512	317	166	0.05	0.09	77	119	42	9	1.3
豆腐とハムの衣焼き	100	497	19.2	33.9	28.3	2.0	3.5	328	774	440	152	0.25	0.28	134	122	68	60	1.9
納豆とイカのチヂミ	100	378	23.1	15.7	33.4	2.6	4.0	86	600	574	196	0.13	0.49	92	374	4	315	1.5
豆腐と明太子のチャーハン	100	531	19.0	13.9	78.0	1.9	1.8	125	838	336	54	0.23	0.24	87	28	20	161	2.1
厚揚げとエビの豆板醬いため	101	236	25.1	12.0	4.9	2.3	2.0	182	646	405	12	0.15	0.09	75	26	4	150	1.7
白いんげん豆と鶏レバーのトマト煮	102	188	13.0	8.2	15.5	5.9	5.5	41	522	594	7115	0.31	0.96	688	29	23	185	1.3
油揚げ入り肉じゃが	102	239	14.1	12.1	17.1	1.7	2.0	53	697	627	357	0.13	0.16	35	16	24	35	1.8
凍り豆腐と牛肉の卵とじ	103	254	21.4	14.6	6.9	3.7	1.3	172	551	580	477	0.13	0.40	86	119	20	245	1.4
湯葉とウナギの炊き込みごはん	103	297	12.1	6.8	45.7	1.4	1.8	57	580	313	449	0.27	0.24	50	4	4	58	1.5
がんもどきとなまり節の甘酢煮	103	213	33.2	4.4	8.7	5.0	1.2	92	794	640	40	0.34	0.26	36	33	3	71	2.0
油揚げと鶏団子のなべ	104	256	20.1	12.3	13.6	3.3	3.4	176	986	1026	414	0.26	0.21	130	191	32	59	2.5
豆腐とザーサイのスープ煮	105	201	13.9	13.3	5.5	2.2	1.9	189	1293	540	275	0.12	0.18	66	108	20	49	3.2
納豆と豆腐のチャンプルー	105	271	19.7	17.5	6.7	2.9	2.7	284	601	538	126	0.15	0.32	82	277	3	126	1.5
厚揚げのオイスターカレー煮	106	283	18.8	17.0	11.2	3.3	2.4	188	987	469	243	0.13	0.19	50	45	5	35	2.5
油揚げとはるさめのピリ辛煮	107	73	3.4	3.7	7.9	2.2	2.9	66	440	491	424	0.08	0.14	129	169	21	0	1.1
ごま風味豆腐スープ	107	72	5.8	4.5	2.6	1.1	1.2	127	511	156	47	0.07	0.04	19	42	1	0	1.3
ザーサイ冷ややっこ	107	151	10.9	9.3	5.2	1.8	1.3	200	1073	331	1	0.12	0.07	28	23	1	0	2.7
油揚げと小松菜のみそ汁	108	76	8.3	3.0	4.2	3.5	1.6	283	824	427	260	0.06	0.09	67	110	20	41	2.1
高菜漬けと切り干し大根入り納豆	108	70	5.5	2.8	8.1	1.8	3.9	86	760	461	150	0.07	0.14	54	380	5	0	1.4
納豆とろろ汁	108	119	7.6	2.8	17.1	1.1	2.4	30	460	644	10	0.14	0.14	41	328	5	0	1.2
レンズ豆とじゃが芋とハムのいため物	109	169	6.5	9.0	15.3	1.3	2.5	15	494	375	23	0.23	0.07	24	22	29	8	1.2
枝豆入り八宝菜	110	164	20.9	4.8	7.8	1.3	2.8	90	770	549	166	0.20	0.10	107	54	19	210	2.0
菜の花とスモークサーモンのクリームパスタ	111	464	27.9	14.3	55.0	4.2	6.7	342	1321	798	431	0.42	0.58	374	264	134	35	3.3
青菜と油揚げのごまいため	111	180	14.4	11.5	4.2	1.7	2.9	177	474	425	387	0.08	0.13	70	287	32	35	1.2
春菊と豆腐のとんぶりソースサラダ	112	181	8.5	13.6	5.7	1.8	2.0	157	545	318	210	0.11	0.11	75	106	6	0	1.4
フランクフルトとほうれん草のソテー	112	206	8.3	15.7	8.7	2.0	2.6	49	724	674	532	0.20	0.22	163	211	34	30	1.8
そば粉入りイタリア風お焼き	113	286	14.3	16.0	19.4	1.3	1.1	148	707	207	313	0.24	0.27	34	24	12	148	1.8
ブロッコリーとチーズの和風スクランブルエッグ	113	201	12.1	15.4	3.6	1.6	2.7	146	568	263	188	0.11	0.38	133	112	60	222	1.5
切り干し大根の高菜煮	114	129	6.7	5.7	11.6	1.7	3.4	94	785	539	151	0.28	0.11	32	56	8	17	2.0
小松菜のザーサイいため	114	46	1.5	3.2	2.6	2.4	1.9	142	637	449	390	0.07	0.11	84	165	29	0	1.6
枝豆ごはん	114	388	11.3	10.3	60.1	1.2	2.4	31	735	324	47	0.26	0.09	119	12	20	21	1.9

料理名	掲載ページ	エネルギー kcal	たんぱく質 g	脂質 g	炭水化物 g	鉄 mg	食物繊維 g	カルシウム mg	ナトリウム mg	カリウム mg	レチノール当量 μg	ビタミンB1 mg	ビタミンB2 mg	葉酸 μg	ビタミンK μg	ビタミンC mg	コレステロール mg	食塩相当量 g
サニーレタスとトマトのじゃこあえ	114	46	2.4	1.5	6.3	1.0	1.6	43	372	344	211	0.09	0.06	67	67	18	12	0.9
アサリとほうれん草の煮浸し	115	50	4.7	0.6	6.5	5.9	2.8	62	397	715	701	0.11	0.22	213	270	35	9	1.0
ひじきと根菜のきんぴら	115	127	2.3	6.1	17.0	3.6	4.9	104	439	552	242	0.08	0.09	31	29	19	0	1.1
小松菜と枝豆のナムル	115	53	3.2	3.1	3.6	2.6	2.2	138	268	482	398	0.12	0.13	132	162	33	0	0.7
かんたんスイートポテト	115	117	2.4	1.7	23.2	0.8	1.2	70	23	357	22	0.07	0.09	29	1	15	29	0.1
貧血が気になる人のための常備菜＆アレンジ料理																		
レバーの甘辛煮	116	111	14.9	2.3	5.7	6.9	0.4	11	491	312	10500	0.30	1.37	987	12	17	278	1.2
レバーとほうれん草のサラダ	116	158	16.5	5.6	9.0	8.1	1.9	38	842	696	10864	0.36	1.49	1099	152	47	278	2.1
レバー入り生春巻き	117	241	16.2	2.1	37.9	7.1	2.0	67	3602	749	8173	0.29	1.17	816	68	25	208	2.0
レバーとにんにくのチャーハン	117	554	23.9	11.6	82.8	8.3	1.9	83	1269	579	10708	0.38	1.54	1043	67	29	383	3.2
妊娠中の人のFeたっぷりの1日献立＆おかず																		
緑の野菜とアサリのいため物	120	112	7.2	6.9	6.0	7.8	4.4	74	337	723	592	0.16	0.27	266	293	86	13	0.9
エビと菜の花の牛乳卵とじ	122	210	20.6	8.4	10.9	2.6	2.1	228	703	517	291	0.18	0.50	205	133	66	294	1.8
牛レバーステーキ	123	231	18.5	12.2	11.2	3.5	1.7	89	678	517	1067	0.24	2.33	777	13	35	180	1.7
ハムと豆のチーズリゾット	124	411	18.5	18.2	41.7	1.8	4.3	304	953	563	258	0.38	0.39	43	13	19	43	2.4
そら豆とチーズの焼き春巻き	125	415	25.9	23.9	19.8	1.0	1.1	196	843	337	66	0.16	0.16	49	35	5	151	2.2
納豆とモロヘイヤのおろしそば	125	298	19.6	6.3	42.8	3.8	9.5	140	1187	922	857	0.26	0.56	232	755	44	12	2.9
レンズ豆入りハンバーグ	126	337	24.8	19.4	14.3	3.9	4.5	171	545	970	665	0.23	0.46	187	215	29	118	1.3
豚レバーのトマトチーズ煮	126	266	20.7	13.6	14.2	10.3	1.8	125	719	519	10062	0.34	2.80	635	12	27	188	1.8
グリーンピースとアサリのピラフ	127	252	6.1	4.0	45.9	1.5	2.0	24	604	236	145	0.12	0.10	23	3	4	16	1.5
牛ひき肉とえのきたけのチンジャオ風	127	193	12.3	12.9	7.2	2.7	2.8	90	413	606	289	0.19	0.26	101	119	46	35	1.0
山芋とチーズの牛肉巻き	128	295	20.7	18.4	8.8	1.6	0.9	156	664	521	139	0.12	0.27	40	35	11	67	1.7
納豆、じゃこ、チーズ入り卵焼き	128	264	18.7	16.6	8.4	2.6	3.1	153	576	482	176	0.13	0.48	116	365	8	335	1.5
チーズパンキッシュ	128	451	25.6	26.0	28.1	2.8	2.8	392	1055	735	553	0.19	0.64	161	145	25	264	2.7
冷ややっこのとんぶりじゃこソース	129	133	9.1	8.6	4.3	1.4	1.2	136	607	212	20	0.09	0.07	29	32	1	12	1.5
豆腐ピザ	129	193	14.1	12.8	4.6	1.3	0.7	241	695	295	303	0.22	0.13	23	24	9	8	1.7
マグロの納豆山かけ	129	202	26.8	3.8	14.9	1.9	2.2	29	467	792	72	0.17	0.17	45	328	6	38	1.2
サンマとねぎのチーズ焼き	130	323	17.4	25.2	5.2	1.2	1.6	173	436	301	322	0.08	0.31	37	22	5	40	1.1
ホタテ貝とほうれん草のグラタン	131	185	20.1	7.3	9.1	2.2	2.1	125	586	956	582	0.12	0.41	231	211	28	141	1.5
鶏ハツとルッコラのにんにくいため	131	199	11.3	15.7	1.2	4.1	0.5	30	300	223	616	0.18	0.85	60	64	14	120	0.7
鶏レバーと砂肝のマリネ	131	142	18.7	6.5	0.7	5.8	0.1	9	312	293	7016	0.22	1.03	670	28	13	285	0.8
エビと小松菜のミルク煮	132	163	16.9	6.0	8.5	1.6	1.0	213	569	531	288	0.13	0.19	70	112	20	121	1.4
厚揚げとかぶの葉のいため物	132	232	16.7	14.2	7.3	3.1	1.9	379	592	411	243	0.11	0.08	86	202	42	55	1.5
鶏レバーのごま風味煮	132	177	16.9	6.4	11.6	7.8	2.1	113	748	422	10502	0.35	1.41	1018	15	21	279	1.9
マグロの洋風立田揚げ	133	162	21.1	5.0	6.3	1.8	1.2	46	590	389	133	0.11	0.09	38	39	18	38	1.5
ひじきとチーズのスパゲティ	134	356	14.5	13.8	43.5	7.2	6.2	271	1302	646	151	0.16	0.32	34	45	0	117	3.3
アサリと豆腐のくず煮	134	122	11.4	4.5	9.1	6.2	2.5	215	441	412	186	0.16	0.19	185	138	65	9	1.1
イワシのタルタル中国風	134	265	18.5	18.5	2.8	2.7	0.5	93	358	317	136	0.07	0.39	46	11	5	301	0.9
アサリのクリーム蒸し	135	96	6.2	4.9	5.5	2.4	0.3	122	785	229	37	0.20	0.20	8	9	3	33	2.0
ハマグリのコーンクリーム煮	135	141	5.0	4.5	19.2	0.9	2.0	101	615	275	30	0.07	0.16	26	4	5	13	1.6
豆腐と枝豆の豆乳煮	135	128	11.0	5.3	7.9	2.4	2.1	174	449	399	7	0.13	0.08	81	16	4	21	1.1
カツオのミルクカレー	136	581	30.0	15.0	79.2	3.5	4.1	187	928	1165	465	0.30	0.43	146	145	34	62	2.3

料理名	掲載ページ	エネルギー kcal	たんぱく質 g	脂質 g	炭水化物 g	鉄 mg	食物繊維 g	カルシウム mg	ナトリウム mg	カリウム mg	レチノール当量 µg	ビタミンB1 mg	ビタミンB2 mg	葉酸 µg	ビタミンK µg	ビタミンC mg	コレステロール mg	食塩相当量 g
豚ヒレと豆腐のスープ煮	136	177	17.6	7.1	10.5	2.4	2.4	108	624	449	13	0.54	0.21	54	21	9	26	1.6
レンズ豆とサニーレタスのサラダ	137	142	3.6	9.6	10.0	1.3	3.8	30	294	228	87	0.09	0.05	53	62	5	0	0.7
鶏レバーのおから煮	138	263	17.2	8.2	26.8	6.2	12.0	97	1074	658	7046	0.32	0.98	683	40	13	185	2.7
かぶとサクラエビのミルク煮	139	72	5.5	2.2	7.7	1.7	2.2	306	352	365	373	0.09	0.09	92	256	62	27	0.9
さつま芋と大豆の黒糖煮	139	162	5.2	2.4	28.7	1.2	3.5	54	214	532	4	0.14	0.05	48	2	22	0	0.5
かぶの葉と厚揚げとアサリの煮浸し	139	118	9.1	5.0	8.4	6.6	2.5	303	582	366	354	0.10	0.16	97	266	62	9	1.5
ほうれん草とひじきのごまあえ	140	123	7.5	7.7	8.4	4.7	4.1	239	406	627	510	0.13	0.18	129	158	18	0	1.0
豆のクリームスープ	140	232	12.9	11.3	20.0	2.5	5.7	235	563	477	175	0.14	0.26	46	96	16	17	1.4
そら豆とチーズののりあえ	140	75	8.0	0.7	9.2	1.4	1.6	21	250	265	45	0.17	0.14	78	12	14	3	0.6
春菊ときくらげのクリームスープ	141	123	7.3	6.2	10.5	1.6	2.5	232	466	483	425	0.11	0.31	103	129	11	17	1.2
モロヘイヤとサクラエビのいり卵	141	163	10.6	11.5	3.6	1.5	3.0	216	309	372	925	0.13	0.43	154	337	33	231	0.8
小松菜の山かけ	141	53	3.9	0.4	9.4	2.4	1.9	149	440	633	397	0.13	0.12	90	158	32	12	1.1
しめじとモロヘイヤのマヨネーズチーズあえ	142	117	6.9	8.7	5.1	0.7	4.1	227	403	396	896	0.15	0.32	138	329	35	21	1.0
切り干しとアサリの煮物	142	140	4.2	3.4	24.4	6.2	4.8	159	620	846	139	0.09	0.10	47	83	6	9	1.6
枝豆のひたし豆	142	102	6.0	2.6	11.6	1.3	2.1	31	1175	356	18	0.15	0.09	138	12	11	0	3.0
じゃことひじきのふりかけ	143	8	1.1	0.3	0.4	0.5	0.3	37	41	39	7	0.01	0.01	3	2	0	9	0.1
オクラととんぶりの納豆あえ	143	67	5.4	2.9	5.8	1.2	3.3	41	175	246	33	0.05	0.18	60	242	2	0	0.4
あしたばとじゃこの中国風サラダ	143	74	3.5	4.2	6.4	0.7	3.3	48	397	405	492	0.08	0.14	64	256	28	12	1.0
ブロッコリーとアサリのくず煮	144	53	5.8	0.5	6.3	2.3	3.3	57	2009	337	100	0.11	0.22	158	120	90	16	5.1
小松菜とサクラエビのきんぴら	145	71	4.1	3.3	6.5	2.5	2.2	189	390	503	390	0.12	0.15	106	163	29	21	1.0
ひじきと切り干し大根の当座煮	145	168	7.3	7.1	21.2	6.0	7.6	206	672	975	110	0.14	0.15	34	33	1	0	1.7
グリーンピースのクリーム煮	146	157	7.2	5.4	19.8	1.3	6.2	81	384	374	73	0.32	0.20	64	26	17	7	1.0
レーズンとルッコラのサラダ	146	106	0.9	6.1	12.8	0.6	1.6	43	238	187	93	0.03	0.03	36	42	26	0	0.6
クレソンとハムのチーズいため	146	131	7.3	9.9	2.9	0.5	0.8	141	403	203	282	0.16	0.17	46	63	18	12	1.0
三つ葉とひじきのごまあえ	147	119	5.4	6.5	14.0	7.3	6.4	268	503	678	174	0.12	0.18	61	58	4	0	1.3
そら豆の甘煮	147	117	6.4	0.1	21.2	1.9	1.5	45	472	398	23	0.18	0.12	69	10	13	0	1.2
ひじきと枝豆のマリネ	147	100	3.2	7.1	8.2	6.4	5.5	163	555	588	84	0.09	0.15	60	56	4	0	1.4
オクラとじゃこのサラダ	148	19	2.1	0.1	2.6	0.3	1.6	39	253	122	37	0.04	0.04	35	22	3	12	0.6
春菊とサニーレタスのコールスローサラダ	148	131	5.2	10.1	5.3	1.4	2.5	172	360	427	530	0.10	0.17	134	170	20	12	0.9
枝豆とかぶの葉のいため物	149	92	6.3	4.4	7.1	2.4	3.2	203	280	404	362	0.13	0.17	148	266	67	5	0.7
ヨーグルトガスパチョ	149	115	6.4	4.8	12.0	0.3	1.0	214	475	465	84	0.09	0.24	37	26	14	19	0.7
なめことオクラの納豆あえ	150	94	5.0	6.4	6.3	1.0	3.4	32	285	308	23	0.08	0.16	74	281	2	9	0.7
アサリのミルクみそ汁	150	106	7.3	3.5	11.6	2.9	2.1	137	854	498	310	0.09	0.27	91	111	15	24	2.1
大豆とじゃこのおろしあえ	150	92	8.0	3.5	7.2	1.1	4.4	81	495	213	25	0.03	0.02	33	9	9	12	1.2
大根葉と青のりのおにぎり	151	380	8.1	3.2	77.5	2.4	3.0	179	279	252	286	0.11	0.11	72	109	21	12	0.7
小松菜の納豆おかかあえ	151	68	6.5	2.7	5.3	3.1	3.1	152	274	568	391	0.09	0.25	114	375	29	2	0.7
シジミのにんにく風味スープ	151	58	2.7	3.6	3.4	1.4	0.1	81	432	86	23	0.02	0.13	7	6	1	24	1.1
妊娠中の人の常備菜＆アレンジ料理																		
レバーのリエット	152	188	16.8	10.7	4.1	4.9	0.5	17	801	366	7040	0.23	1.00	663	22	13	226	2.0
レバーのサンドイッチ	152	375	19.6	15.4	39.1	4.5	5.8	175	943	814	4014	0.31	0.73	479	150	35	137	2.4
レバーのスープ	153	292	21.9	16.6	12.7	4.8	2.4	288	582	681	3841	0.29	1.09	531	146	73	342	1.5
レバーとチーズのディップ	153	122	10.3	5.9	6.5	2.7	1.1	19	440	313	3588	0.15	0.56	370	14	103	115	1.1

料理名	掲載ページ	エネルギー kcal	たんぱく質 g	脂質 g	炭水化物 g	鉄 mg	食物繊維 g	カルシウム mg	ナトリウム mg	カリウム mg	レチノール当量 μg	ビタミンB1 mg	ビタミンB2 mg	葉酸 μg	ビタミンK μg	ビタミンC mg	コレステロール mg	食塩相当量 g
レバードレッシングのサラダ	153	164	9.2	11.5	5.3	2.9	1.3	47	562	343	3689	0.16	0.55	379	69	26	113	1.4
小松菜のナムル	154	33	1.4	2.2	2.5	2.4	1.6	143	293	432	436	0.08	0.11	93	175	33	0	0.7
小松菜入りラーメン	154	457	21.8	7.4	71.0	3.5	4.4	194	2238	738	436	0.49	0.24	104	178	42	21	5.7
小松菜とはるさめのあえ物	154	131	6.3	7.2	10.1	3.0	1.9	159	651	500	474	0.15	0.24	104	180	38	109	1.6
小松菜と豆腐のサラダ	155	214	10.3	15.5	8.1	3.6	2.5	279	901	724	488	0.18	0.17	120	205	40	12	2.2
小松菜とアサリのスープ	155	54	3.9	2.3	3.2	3.9	1.6	169	765	491	439	0.09	0.18	93	175	33	16	1.9
ひじきの煮物	156	105	6.6	4.8	12.0	6.6	6.0	226	535	673	129	0.09	0.15	25	41	0	18	1.4
ひじきの混ぜごはん	156	423	15.2	9.8	69.0	7.6	7.2	251	572	837	173	0.08	0.30	89	51	4	123	1.5
ひじきのサラダ	156	97	5.3	4.6	11.2	4.4	4.7	235	641	722	340	0.10	0.16	67	176	11	9	1.6
ひじき入り卵焼き	157	195	9.9	13.6	8.5	4.3	3.7	152	559	535	149	0.09	0.30	52	41	6	219	1.4
いり豆腐	157	295	17.6	17.7	17.3	9.4	7.3	445	933	1119	427	0.22	0.37	105	173	20	123	2.3
凍り豆腐の牛乳煮	158	185	12.3	9.4	12.0	2.5	1.2	307	381	421	301	0.09	0.23	62	116	21	13	1.0
凍り豆腐入りスクランブルエッグ	158	241	15.5	16.0	6.3	1.8	0.6	245	652	256	140	0.07	0.32	43	49	2	251	1.7
凍り豆腐と菜の花のいため物	158	243	21.5	11.3	13.1	3.2	3.4	321	654	552	309	0.19	0.35	269	203	98	85	1.6
凍り豆腐のチャウダー	159	264	15.8	13.6	19.7	6.8	2.8	303	763	501	130	0.15	0.40	103	78	52	37	1.9
凍り豆腐のピカタ	159	293	16.9	18.6	13.3	3.1	2.4	291	697	725	607	0.14	0.43	175	227	27	119	1.8
Feたっぷりのおやつ&飲み物																		
抹茶のシフォンケーキ	160	238	4.0	14.6	21.5	0.7	1.0	28	42	93	152	0.03	0.12	22	41	1	100	0.1
小麦胚芽とアーモンドのクッキー	161	107	2.2	6.2	10.9	0.5	1.2	14	11	72	40	0.06	0.06	12	1	0	20	0
フルーツケーキ	161	152	2.7	4.4	20.7	0.9	2.1	36	31	259	55	0.04	0.03	12	2	5	11	0.1
ごまもち	162	105	1.9	3.0	18.3	0.7	1.0	63	2	39	0	0.03	0.02	10	1	0	0	0
そば粉のお焼き	162	157	5.9	4.9	21.0	1.0	1.7	41	474	216	92	0.18	0.08	22	36	5	11	1.2
きな粉入り水ようかん	162	102	3.3	1.2	20.1	0.9	2.3	19	34	146	0	0.04	0.01	16	3	0	0	0.1
ココアと豆乳のムース	163	138	3.6	7.8	13.5	1.0	0.7	34	11	169	38	0.03	0.05	16	4	1	12	0
さつま芋のプリン	163	171	5.6	4.2	27.6	1.2	0.9	52	45	297	46	0.07	0.15	40	5	10	107	0.1
あんずのアイスクリーム	163	153	4.2	5.6	22.8	1.1	2.4	119	56	231	89	0.05	0.08	12	2	0	18	0.2
くるみとごまのお汁粉風	164	288	8.3	16.6	28.7	2.4	2.7	120	3	311	4	0.13	0.07	73	7	2	0	0
ほうれん草のロールケーキ	164	142	4.8	6.2	16.2	1.4	0.7	41	64	200	105	0.04	0.13	33	22	2	141	0.2
グラノーラ	164	354	10.0	10.8	58.0	3.3	7.0	115	4	448	71	0.25	0.16	49	4	0	0	0
抹茶入り豆乳	165	163	8.1	4.2	23.9	3.0	1.2	40	6	448	96	0.08	0.07	82	66	2	0	0
そら豆と豆乳のホットドリンク	165	215	16.7	4.1	27.2	4.6	3.9	62	652	731	31	0.29	0.21	143	22	18	0	1.6
小麦胚芽とさつま芋のホットドリンク	165	229	8.2	7.0	33.6	1.1	2.2	197	67	555	65	0.25	0.31	62	3	16	19	0.2
豆腐とあずきのお汁粉風	165	324	11.2	6.5	55.0	1.8	3.6	189	140	388	41	0.10	0.21	24	13	1	13	0.3
かぼちゃとアーモンドのホットドリンク	166	289	9.4	14.3	32.6	1.1	4.2	219	66	690	557	0.15	0.44	49	22	34	19	0.2
枝豆ショコラ	166	256	12.1	11.4	29.1	1.8	3.2	260	88	690	98	0.20	0.38	124	15	12	25	0.2
プルーン入りきな粉ミルク	166	249	10.5	10.1	31.2	1.1	2.7	260	87	564	116	0.16	0.35	34	8	2	25	0.2
あんずとオレンジのヨーグルトドリンク	166	257	10.8	6.5	42.1	0.8	3.5	302	105	887	269	0.19	0.36	76	2	92	25	0.2
モロヘイヤ入りきな粉ミルク	167	315	13.2	11.4	43.0	1.7	4.2	287	140	635	252	0.18	0.40	66	74	9	25	0.3
ほうれん草とパパイヤのドリンク	167	204	8.3	8.4	25.5	0.8	4.0	274	99	808	376	0.14	0.43	130	72	88	25	0.2
小松菜とりんごのジュース	167	61	0.6	0.3	16.0	0.6	2.1	40	6	237	247	0.04	0.04	29	42	12	0	0
ごま入りバナナドリンク	167	330	12.9	14.5	41.9	2.6	4.2	322	66	741	67	0.25	0.32	72	10	10	19	0.2

竹内冨貴子 たけうちふきこ

女子栄養大学栄養学部卒業。竹内冨貴子・カロニック・ダイエット・スタジオ主宰。女子栄養大学短期大学部講師、香川栄養専門学校講師などを務めるかたわら、ダイエットクリエイターとして雑誌、新聞、テレビ、講演などで幅広く活躍している。著書に『ヘルシーレシピシリーズ1 体がよろこぶカルシウムのおかず300品』、『朝ごはん組み合わせ自由自在』(ともに女子栄養大学出版部)『血液と体のあぶらを落とす7日間レシピ』(アスキー)がある。また、『家庭のおかずのカロリーガイドブック』、『新 毎日の食事のカロリーガイドブック』、『新 外食・テイクアウトのカロリーガイドブック』(いずれも女子栄養大学出版部)の料理・データ作成を手がけている。

撮影 ● 南雲保夫
アートディレクション ● 大薮胤美(フレーズ)
デザイン ● 石原志保(フレーズ)
イラスト ● 佐古百美
校正 ● 編集工房クレヨン

体がよろこぶ鉄のおかず300品

2004年4月1日　初版第1刷発行

著　者	竹内冨貴子
発行者	香川達雄
発行所	女子栄養大学出版部
	〒170-8481　東京都豊島区駒込3-24-3
電　話	03-3918-5411(営業)
	03-3918-5301(編集)
	ホームページ　http://www.eiyo21.com
振替	00160-3-84647
印刷所	日本写真印刷株式会社

乱丁本、落丁本はお取り替えいたします。
本書の内容の無断転載・複写を禁じます。
ISBN4-7895-4822-8
Ⓒ Takeuchi Fukiko 2004, Printed in Japan